Abiti Luciano

ETICHETTA VENETA

Volume I

Presenta il tuo prodotto raccontando la tua storia

Un viaggio attraverso le storie personali e
professionali di chi ha saputo trasformare
amore e passione in business di successo

ΞV

ETICHETTA VENETA

facebook	Abiti Luciano
Istagram	Lucianoabiti
Istagram	etichetta_veneta
E-Mail	lucianoabiti@gmail.com
E-Mail	Luciano.abiti@etichettaveneta.com

Il sito www.etichettaveneta.com è stato realizzato
da DM Solution di Matteo Durante

E-Mail	matteo.durante@dmsolution.it
	info@etichettaveneta.com

Dedicato a mio papà Abiti Vittorio " Neno "
e a mia mamma Colletta Anna :
per la vita a me concessa.

Sommario

Prefazione

Etichettaveneta.com nasce come progetto di "contact marketing". Ho voluto concentrare l'attentizione sull' ascolto dei racconti di vita personale e professionale dei nostri protagonisti. Una nuova forma di approccio che dedica interesse ai dettagli e alle vicende vissute.

Riportare uomo e donna al centro del processo produttivo.

Una presentazione che esula dai contingenti canoni di approccio mediatico: dove la comunicazione viaggia su binari ad altissima velocità. Una riflessione profonda che riporta la persona al centro del processo produttivo qualificandolo come nucleo centrale per raggiungere il successo nel proprio ramo operativo.

Uno sguardo nel profondo, analizzando fotografie di vita passata e presente che trasmettono verità, spesso nasconte, dietro numeri e prodotti. Un tuffo nella sfera personale degli " attori" di questa prima edizione che mi hanno regalato emozioni e suggestioni forti ed indelebili.

Interminabili ore di registrazione radiofonica e qualche centinaio di km percorsi, che spero essere riuscito a rendere interessanti, affascinanti e comunicativi.

Passione,studio,dedizione,amore,coraggio,forza,incoscenz a,rispetto,volontà, professionalità,sacrifici: sono le caratteristiche che più ho riscontrato durante la stesura delle mie interviste. Peculiarità intrinseche nella natura di un popolo da sempre operoso e dinamico come quello Veneto e Italiano.

Non sono uno scrittore o giornalista professionista. La

mia preparazione completamente autodidatta mi obbliga a delle scuse preventive nel caso le stesure non risultassero perfette. Ho ereditato la passione per la scrittura da mio Papà Abiti Vittorio, (conosciuto come Neno : soprannome ereditato dal sottoscritto), scomparso nel 2019. Mio Padre nato nel 1938 ha dedicato tutta la vita alla sua famiglia e alla grande passione per il giornalismo cittadino. Pur privo di titoli di studio importanti ha saputo donare alla città di Treviso impegno e dedizione per un territorio che amava e rispettava. Riversava ogni sforzo a favore del prossimo, dando voce a chi non trovava ascolto.

Ho cercato di seguire le sue orme mettendomi a disposizione del nostro quartiere e di quanti attraverso la scrittura vogliono comunicare e far conoscere la propria opinione. A lui dedico questo mio lavoro.

Personalmente ho sviluppato negli anni una forte passione per la scrittura,la lettura e lo studio. Mi interesso di management, formazione del personale, marketing, economia e tecniche di comunicazione sia mediatiche che personali. Realizzo contenuti di testo per aziende e/o professionisti. Prediligo il contatto umano e la conoscenza diretta: attraverso la quale possiamo sviluppare forme di interazione mirate e costruttive. Sono un convinto sostenitore della reciproca collaborazione. Sono certo che dentro ognuno di noi si nasconda una forza fatta di idee, creatività, e determinazione. Va cercata trovata e liberata.

Ho sempre operato a contatto con il cliente sia come dipendente, nel ramo delle vendite alimentari, che come libero professionista nel settore Horeca. Un percorso di crescita e di apprendimento che continua a regalarmi ogni giorno avventure ed emozioni nuove.

Non è stato facile interpretare e descrivere le nostre "chiacchierate ". I testi sono frutto di un lavoro a quattro mani svolto minuziosamente.

Ogni intervista è stata concepita mirando a far emergere un messaggio comunicativo , promozionale e di natura culturale-territoriale.

Leggendo questo libro mi auguro che tu possa trovare ispirazione e trarne insegnamento per un futuro professionale ricco di soddisfazioni.

Luciano Abiti
Nato a Treviso il 13/11/1974
Diplomato in ragioneria
Perito commerciale
Istituto Tecnico Commerciale Statale Riccati-Luzzati

Questa splendida intervista è stata registrata sulla spiaggia del magnifico litorale Jesolano nel 2021. Una emozione per me indimenticabile. Un tuffo nel trascorso di una vita vissuta da una Donna straordinaria. Mentre mi trovo a rileggere queste parole per la stesura del libro non posso non ricordare la Signora Anna con grande tristezza nel cuore. Restano in me indelebili le ore passate a scrivere e riscrivere, leggendo e rileggendo per non tralasciare nessun dettaglio. Nel 2022, pochi giorni dopo la fine della stagione estiva, la Signora Anna ci ha lasciati . Resta nel mio cuore l'onore di aver scritto insieme queste parole e di aver conosciuto la gentilezza e la dolcezza del suo sorriso.

Presentazione Hotel Rosanna

L'Hotel Rosanna di Jesolo sorge nel settimo accesso al mare di Via Dante Alighieri, una via che la città di Jesolo ha voluto dedicare al Sommo Poeta. A pochi passi dalla spiaggia con i suoi sette piani, il Rosanna si affaccia sul profondo blu dell' Adriatico ed offre ai suoi ospiti una vista mozzafiato sulla bellissima ed affollata spiaggia del litorale Veneto. Costruito negl'anni cinquanta l'hotel viene acquistato dal Signor Augusto Pecoraro nel 1984. Nel 1994 la gestione passa nelle mani della figlia Anna che traghetta l'attività di famiglia verso il nuovo millennio. Nel 2001 Il Rosanna subisce una drastica rivoluzione. Il vecchio edificio viene abbattuto e si edifica una struttura completamente nuova e all'avanguardia. A distanza di trent'anni dal suo inizio, la storia dell'Hotel Rosanna vede ancora protagonista la Signora Anna che sapientemente, stagione dopo stagione, accoglie i suoi ospiti offrendo loro le migliori condizioni per un soggiorno indimenticabile nella città di Jesolo.

In memoria e nel ricordo della cara Signora Anna Pecoraro

Intervista

La Signora Anna Pecoraro ci ha concesso l'intervista che
riportiamo a seguito e che racconta la storia della sua
avventura con l'hotel di famiglia.

Domande

Chi è la Signora Anna Pecoraro?

Non è facile descrivere se stessi. Lascio sempre che le
persone mi giudichino per le mie azioni. Mi considero una
donna molto semplice affabile e rispettosa del prossimo.
Sono mamma di tre figli e nonna di otto nipoti Da poco
anche di un pronipote.

Come inizia la Sua avventura nel mondo alberghiero?

Il mio ingresso nel mondo dell'imprenditoria turistica fu
tanto inaspettato quanto indesiderato.

Nel 1991 ricevo una chiamata da mio padre Augusto
Pecoraro, titolare e proprietario dell'Hotel Rosanna. Papà,
rimasto senza segretaria, mi chiese di aiutarlo per un breve
periodo fino all'assunzione di un'altra receptionist.
Periodo che si protrasse ad oltranza. Pur non avendo
alcuna conoscenza sulla gestione aziendale e contabile di
un hotel, decido di rispondere alla chiamata di papà e

scopro che la situazione finanziaria era alquanto grave se non gravissima e difficile da sanare. Cerco di convincere mio padre a vendere per evitare un sicuro fallimento. Lui non sente ragione. Io non avevo nessuna intenzione di caricarmi di questo onere avendo lasciato l'attività alberghiera più di 25 anni prima.

Un giorno, dopo che per l'ennesima volta avevo invitato mio padre a vendere, mi sento chiamare dalla segretaria la quale mi avverte che papà è salito in camera piangendo. Mi precipito da lui e lo trovo seduto sul bordo del letto, con la testa tra le mani singhiozzando. Ricordo che mi colpì la piccola pozza formatasi ai suoi piedi: erano le lacrime di mio padre.

I medici gli avevano dato non più di sei mesi di vita e quest'uomo vedeva perduto tutto ciò che aveva costruito in una vita di duro lavoro. Il suo lascito sfumava sotto i suoi occhi, e lui non poteva fare nulla. Ci avrebbe lasciati avvolto nella tristezza e nella disperazione. Mi avvicinai, lo abbracciai forte e gli dissi le parole che avrebbero segnato per sempre la mia vita: <u>non ti preoccupare, io ti aiuterò!</u> .

Papà visse altri tre anni. La forza di reagire e combattere il male penso sia derivata dalla speranza che in un qualche modo avrebbe potuto salvare l'albergo, ovviamente confidando nel mio impegno.

Il vero grande aiuto nella parte finale della sua vita venne dal mio ex marito al quale mi rivolsi in cerca di supporto. Con mia grande sorpresa si offrì di rilevare l'attività con annessi e connessi salvando così il nome di mio padre.

Nel 2001 il vecchio Rosanna venne demolito per far

sorgere una realtà moderna più consona ai nostri tempi. Oggi a distanza di quasi trent'anni siamo qui a raccontare la nostra storia.

Hotel Rosanna Jesolo VE

Ci racconta i Suoi primi passi da imprenditrice?

I miei primi passi sono stati caratterizzati da tanta paura.

Come le ho detto sono stata chiamata ad affrontare questa sfida già in età matura, e non vantavo nessuna esperienza nel campo imprenditoriale. Non conoscevo nulla di ciò che necessita una buona e corretta gestione aziendale. Tutto sembrava per me invalicabile. Conti, fatture, fornitori, gestione clienti e tante altre incombenze quotidiane che si possono immaginare in una struttura come la nostra. La sensazione era quella di essere travolta da un fiume in piena che non riuscivo ad arginare.

Ricordo mattine quando, appena sveglia, venivo avvolta da una profonda angoscia che mi toglieva il respiro. Il solo pensiero di dover affrontare un'altra giornata di problemi era per me insopportabile.

In quel periodo un grandissimo aiuto mi venne dato dalla Signora Marina Furlan, ex collaboratrice di mio padre, che dall'asilo, in pochi giorni, mi fece arrivare all'università, metaforicamente parlando. Fece un lavoro straordinario riuscendo a trasmettermi conoscenza e un pò di sicurezza.

Una volta deciso di rimanere a fianco di mio padre, mi fissai un obiettivo e tenni lo sguardo puntato su di esso, vincendo il grande disagio che avevo dentro. Questo è il mio modus vivendi. La forza che mi permette di raggiungere mete, a volte, impossibili.

Avrei dovuto restare solo qualche giorno ma da allora sono passati più di trent'anni.

Mamma, moglie, nonna. Come è riuscita e come riesce a coniugare vita privata e vita lavorativa?

Semplice! Non avendo una vita privata.
La nostra è una famiglia di imprenditori. Nel momento in cui assunsi la direzione del Rosanna i miei figli, ormai adulti, avevano già preso in mano le redini dell'azienda di famiglia che opera nel comparto ittico. Ci siamo ritrovati tutti immersi nei nostri pensieri e nelle nostre faccende quotidiane sacrificando di fatto quella parte di rapporto umano che nella "vita precedente" ero riuscita a creare. Oggi, pur mantenendo vivo e costante il rapporto con i miei famigliari, sento il peso dei silenzi e degli interminabili periodi che a volte ci separano. Ho imparato a considerare famiglia il mio staff, i miei collaboratori e a chiamare casa il mio ufficio. Questo molte volte è il fardello del fare impresa.

Quali sono le maggiori difficoltà per una donna in questa professione?

Rispetto agli uomini penso che in tutte le professioni la donna trovi maggiori difficoltà. Essere donna, moglie, madre ed imprenditrice significa sposare entrambi i ruoli. Sdoppiarsi in vite parallele affrontando ritmi frenetici a volte insostenibili. Ma noi donne - non me ne vogliano gli uomini - abbiamo una marcia in più. Una passione e una volontà interiore che ci caratterizza e contraddistingue. Molte volte purtroppo queste qualità non bastano e la donna si trova a dover scegliere tra famiglia e carriera rischiando inevitabilmente di perdere o l'una o l'altra. Penso che oggi possiamo colmare queste distanze tra i generi, ripensando il mondo del lavoro fornendo tutti i supporti necessari per poter permettere ad ognuno di noi di scegliere la propria vita professionale. Molto ancora deve essere fatto ma siamo sulla strada giusta.

Ricorda dei momenti particolarmente difficili che ha dovuto affrontare?

In trent'anni di attività, come Lei può immaginare ci sono stati innumerevoli momenti di difficoltà. Ricordo i primi anni: le mie paure, le mie preoccupazioni, i conti da pagare e le prenotazioni a zero. Situazioni difficili da superare. Ma per tutta la mia vita nei momenti di sconforto ho sempre trovato sollievo e nuova linfa rivolgendomi ad un "Amico" che non tutti riconoscono come tale: Nostro Signore Gesù.Il Suo Spirito mi ha guidato in tutti questi anni.

Mi torna in mente un Luglio di un'estate lontana. Ero al telefono con il mio ex marito e piangevo disperata perchè il calendario di Agosto risultava completamente vuoto. Ricordo la voce di Aldo che mi diceva: " fai qualcosa !! fai qualcosa!! ". Allora presa dallo sconforto rientrai a casa di mia madre ed improvvisamente presa dalla disperazione per quanto stavo vivendo, mi rivolsi al crocifisso urlandogli ripetutamente: tutta colpa tua! tutta colpa tua ! A Te tutto è possibile! A Te sarebbe facile risolvere il mio problema! Io ho bisogno del pieno almeno dal primo di

agosto al 10 di settembre !!!
Subito dopo realizzai di aver mancato nei confronti di Lui
e da uno stato di aggressività passai alla richiesta di
perdono.

Quando rientrai in albergo, la segretaria mi comunicò
che il telefono stava squillando con una certa insistenza.
L'albergo si stava riempendo e si riempì fino al 10 di
settembre. Sorrido ancora al ricordo di quell' episodio. La
mattina del 10 Settembre l'albergo era vuoto. Mi rivolsi al
crocifisso e Gli dissi: se avessi saputo che mi avresti
esaudita, Ti avrei chiesto qualche giorno in più.

Episodi di questo tipo sono stati frequenti nella mia vita
lavorativa e personale.

Come si superano le avversità professionali?

Sicuramente è indispensabile tenere sempre presente tutto
ciò che dipende dal nostro operato. Essere consapevoli che
dentro di noi si nasconde una forza e un coraggio che va
solo cercato e risvegliato. Non dobbiamo pensare al
perchè mi si pone davanti questo ostacolo, ma al come
affrontarlo e superarlo e non vederlo come un fatto
avverso, ma positivo perchè niente è negativo nella vita
Concentrarsi solo sul nostro obbiettivo: risolvere il
problema e continuare a lavorare.

Nella mia vita mi sono trovata tantissime volte di fronte a
barriere che sembravano insuperabili. Grazie alla mia fede
e alla forza interiore che mi

generava, sono sempre riuscita a scalare la montagna guardare avanti ed incamminarmi sul sentiero successivo.

Come sceglie i Suoi collaboratori?

Parlando con loro. Mi piace confrontarmi sempre con i candidati collaboratori, dialogare e cercare di capire se riescono a trasmettermi ciò che io cerco in tutti i miei dipendenti: <u>amore e passione verso il proprio lavoro.</u>

Qual è secondo la Signora Anna il giusto rapporto con i collaboratori?

Ho avuto nell'arco di trent'anni moltissimi collaboratori ed ho sempre cercato di rapportarmi con loro mantenendo il massimo rispetto. Al mio personale mi rivolgo sempre dando del Lei come è giusto che sia quando si rispetta una persona che presta un servizio. Anche con collaboratrici di lunga data come la signora Luigina Babbo, con me fin dagli inizi, continuo a rivolgermi in maniera molto riguardosa, pur consapevole che il nostro rapporto va ben oltre il lavoro. Luigina, così mi piace chiamarla, rappresenta ormai una parte importante ed insostituibile della mia vita. Ci unisce un rapporto di confidenza famigliare al quale tengo moltissimo. Ciò nonostante è mia convinzione che nella vita professionale dobbiamo essere consapevoli dei ruoli che ci contraddistinguono e rispettarli oltre ogni ragione. Voglio che i miei collaboratori si sentano sempre protetti e che trovino in me un punto di riferimento dove potersi confidare e dove poter trovare un aiuto concreto. La porta del mio ufficio, chiamato scherzosamente "Il Confessionale", è sempre aperta.

Jesolo ieri e Jesolo oggi: cosa è cambiato in questi anni?

Molti anni fa all'inizio della mia carriera i nostri Hotel erano gestiti perlopiù da locali. Persone di campagna abituate al duro lavoro che offrivano un servizio quasi famigliare. Oggi le cose sono decisamente cambiate. Le esigenze del turista sono molto diverse e le grandi realtà alberghiere adeguano i loro standard alle necessità contingenti. Tutto si svolge più velocemente e più freneticamente.

Jesolo ha subito una trasformazione radicale. Da città esclusivamente turistica, nel corso degli ultimi decenni, si è evoluta in città residenziale, partorendo complessi abitativi sempre più moderni e ricercati. Si è sviluppata quindi una società Jesolana che anima la città anche nei mesi invernali.

Sono sempre stata abituata alla frenesia ed impersonalità della grande città ma qua a Jesolo ho trovato quella tranquillità e famigliarità che cercavo da tempo.

Tramonti e Notti del litorale Jesolano Vista Hotel R.

Più di vent'anni alla guida del Suo hotel mantenendo sempre standard di altissimo livello. Qual è il segreto del successo della Signora Anna?

Non esistono segreti particolari da svelare. Ogni persona che ama il proprio lavoro e che lo svolge con passione può raggiungere il successo. I momenti difficili servono per rafforzarci.

Io sono stata catapultata in questo mondo che non ho cercato e non volevo. Ma ho imparato ad amarlo, rispettarlo ed affrontarlo. Fissare i propri obbiettivi ed investire anima e corpo per raggiungerli. Migliorarsi giorno dopo giorno, non arretrare. Convincersi delle proprie capacità e sfruttarle al meglio.

La strada verso il successo è dietro ogni angolo della nostra vita, con un pizzico di fortuna, che non guasta mai, va riconosciuta e seguita.

Perchè soggiornare all'Hotel Rosanna di Jesolo?

Come le dicevo prima, il modo di fare accoglienza è decisamente cambiato.

Le grandi catene alberghiere si sono adeguate alla velocità e alla frenesia dei nostri tempi. Oggi contano i grandi numeri e la rapidità con cui si ottengono i risultati sperati. Tuttavia esistono ancora realtà come la nostra che mantengono inalterato il loro modus operandi e che rispettano vecchie regole non scritte di accoglienza e ospitalità.

Per quanto mi riguarda ho vissuto la mia vita privata e

professionale seguendo un principio che parla di rispetto per se stessi e per il prossimo: "non fare ad altri quello che non vuoi sia fatto a te". Questi sono i valori che mi hanno accompagnato lungo il mio percorso e che ho sempre voluto trasmettere a collaboratori e clienti. Quando dirigo il mio Hotel cerco di immaginarmi al di fuori del banco della reception. Mi immedesimo nell'ospite, rifletto su ciò che io desidererei se fossi al suo posto. Mi interrogo cercando le soluzioni per soddisfarlo e mi adopero per attuarle. Penso che questa sia la nostra forza: attenzione ai dettagli, accoglienza famigliare, semplicità e amore verso il nostro lavoro.

Scorcio della piscina esterna

Hotel Rosanna

Rooms

Entrando nel Suo ufficio non si può non notare che Lei è una persona molto devota e spirituale. Quanto è stata ed è importante la Fede nella Sua vita professionale?

Per me la fede è tutto! Amore, spiritualità, devozione, umiltà, sacrificio, forza, consapevolezza, aiuto verso il prossimo e molto altro rappresentano gli insegnamenti che il mio credo mi ha trasmesso durante tutta la vita. Nei momenti bui mi sono sempre rivolta a Dio, a suo figlio Gesù e alla Vergine Maria per trovare conforto e la forza necessaria per superare le avversità della vita. Sono convinta che la mia strada sia stata disegnata e voluta da Dio il Quale ha permesso le tante fatiche, preoccupazioni, angosce e paure di questi anni al solo scopo di farmi crescere e diventare più forte. Sento in me la Sua energia e la Sua forza che mi accompagnano in ogni decisione, mi sorreggono in ogni caduta e mi rafforzano in ogni debolezza.

Signora Anna Lei "nasconde" una passione ed un talento straordinario. Passeggiando tra i piani dell'hotel Rosanna si possono notare alcune delle Sue opere esposte. Ci racconta qualcosa?

Ho sempre desiderato viaggiare e scoprire il mondo sin da quando ero ragazza. Purtroppo durante la vita coniugale non ho potuto sfruttare questa mia grande passione: il mio ex marito non amava molto gli spostamenti. Dopo la separazione, con i figli ormai grandi, ho deciso di dedicare una parte di me a questo vecchio e grande amore. Mi piace partire alla scoperta di nuove culture, visitare luoghi lontani e poco accessibili, adeguarmi agli usi e costumi locali. Ho trovato nella mia carissima amica la Signora Stefania Parise una compagna di viaggio fantastica. Insieme condividiamo le nostre esperienze e un'altra grande passione: la fotografia. Ho iniziato frequentando dei corsi quasi per scherzo, nei quali capivo poco o nulla. Fino all'incontro con il Maestro Orio Frasseto. Da quel momento è iniziato il mio rapporto con la macchina fotografica. Concentrarmi sull'obbiettivo, sull'immagine, sul momento che voglio immortalare è per me come perdermi in un'altra dimensione. Tutto si annulla: problemi, preoccupazioni e pensieri svaniscono come per magia e mi abbandono ad uno stato quasi trascendentale. Espongo, con un pizzico di soddisfazione, le mie foto nei corridoi dei piani del Rosanna dove i miei ospiti possono guardarle e commentarle insieme a me.

Foto di Anna Pecoraro

Rimpianti ?

Non ho rimpianti. Forse l'unico rammarico che mi porto dentro è non aver potuto, causa il mio lavoro, costruire un rapporto più stretto con i miei famigliari. Mi sento comunque fortunata, sono certa di rappresentare un punto di riferimento per tutti loro, una spalla su cui poter sempre contare e alla quale appoggiarsi nei momenti di difficoltà. La nostra è una famiglia di imprenditori ed inevitabilmente i numerosi impegni, le tante ore di lavoro e la frenesia della quotidianità richiedono un sacrificio anche in termini umani ed affettivi.

Cosa c'è nel cassetto dei desideri della Signora Anna?

Non ho desideri ho sempre vissuto senza aspettarmi nulla di più di ciò che avevo. Forse è proprio per questo che con serenità riesco ad affrontare le mie sfide quotidiane, guardando sempre al prossimo obbiettivo da raggiungere.

Progetti futuri?

Ci sono in programma alcuni lavori di ristrutturazione e miglioramento del nostro Hotel. Sto cercando di coinvolgere il mio staff in alcuni nuovi progetti, ascoltando le loro idee e confrontandoci insieme. Il nostro obbiettivo è continuare a regalare ai nostri ospiti sempre nuove emozioni e un servizio attento alle loro esigenze.

Hotel Rosanna
Via Dante Alighieri
7° accesso al mare, Jesolo, Venezia, Italy

Facebok   Hoel Rosanna
Istagram   hotelrosannajesolo
               www.hotelrosanna.it
               info@hotelrosanna.it

Ringrazio Chef Matteo Padoan per aver accettato di incontrarci e per averci concesso questa intervista. Noi di Etichetta Veneta siamo costantemente alla ricerca dei grandi professionisti del nostro territorio per raccontare le loro storie personali, lavorative e il percorso che li ha portati a raggiungere il successo.Vogliamo condividere questi racconti perchè possano essere ispirazione per quanti voglio intraprendere una carriera imprenditoriale e professionale.

Uno splendido ed avvincente viaggio nel mondo della cucina artistica nel ramo intaglio : tecnica di origine asiatica che oggi ci vede protagonisti a livello mondiale.

Presentazione Chef Matteo Padoan

Nato a Treviso, Chef Matteo " Teo " Padoan è un cuoco intagliatore riconosciuto a livello nazionale ed internazionale. Membro dell' Associazione F.I.C. (Federazione Italiana Cuochi), capitano della squadra intagliatori della provincia di Treviso, Chef Matteo raggiunge più volte i vertici mondiali nelle competizioni artistiche culinarie.

Nel 2016 partecipa alle olimpiadi della cucina artistica (carving art) a Erfurt in Germania, conquistando la medaglia di bronzo, dopo una sfida che ha visto contendersi l'oro più di 170 Paesi con 4000 partecipanti provenienti da tutto il mondo .Nel 2017 si aggiudica la medaglia d'oro ai campionati Italiani di Rimini. Nel febbraio del 2018 conta due medaglie sempre nei campionati nazionali. Argento nella categoria "Opere Pronte" (dove l'opera viene realizzata antecedente l'evento), e medaglia di bronzo nella gara "Live" (dove la creazione viene effettuata in loco). Nell'ottobre dello stesso anno gareggia ai campionati mondiali in Lussemburgo, conquistando due argenti nelle categorie opere pronte e live, e una medaglia di bronzo in " Intaglio Vegetali Pronti " (disciplina che prevede l'intaglio di vegetali già preparati in precedenza). Risultati che lo portano tra i primi dieci intagliatori al mondo.

Oggi gestisce con successo le cucine di un noto albergo di Jesolo alternando il lavoro ai fornelli con gli impegni agonistici.

Intervista

Preferisce Chef Matteo o Teo ?

Matteo.

Chi è Chef Matteo Padoan ?

Matteo è un uomo nato a Quinto di Treviso 43 anni fa. Figlio di mamma Elsa di papà Gelindo e fratello di Luana. Sono una persona molto semplice, umile, che non ama particolarmente i riflettori. Svolgo con impegno e passione il mio lavoro e mi ritengo abbastanza fortunato dal punto di vista professionale e personale.

Quando nasce la Sua passione per la cucina ?

Posso dire che ho questa passione fin da quando ero bambino. Ricordo con nostalgia i meravigliosi momenti passati in cucina ad aiutare nonna Ines e mamma Elsa. Se ripenso a quei momenti riaffiorano profumi , suoni e sensazioni che non si possono dimenticare. Sento ancora le voci di mamma e nonna, indaffarate nella piccola cucina di Badoere : un piccolo comune in provincia di Treviso. Rivedo le grandi e ruvide mani di nonna Ines che con pazienza e perizia impastano la farina per fare i crostoli nel periodo di carnevale. Già da bambino avevo tanta voglia di imparare e mi dilettavo nell'aiutare nonna preparando le uova per il suo impareggiabile Tiramisù.

Successivamente mio padre Gelindo, dopo una carriera nell'edilizia, rileva un laghetto di pesca sportiva a Quinto di Treviso. Negli anni successivi papà decide di aumentare l'offerta per i nostri clienti realizzando un vero e proprio ristorante " Il Mali Club " aperto a tutte le ore. Per la mia famiglia è un periodo fortunato e ricco di soddisfazioni, e per me ,ovviamente, un campo di addestramento e formazione. Come vede sono praticamente cresciuto tra i fornelli e con me la passione per la cucina. Una passione ancora giovane, dinamica e viva.

Custodisce ancora la ricetta del tiramisù di nonna Ines ?

Si certamente, e la uso anche.

Ci svela qualche segreto ?

Nooooo !!!!!!!

Ci racconta il Suo percorso di studio per diventare cuoco ?

Dopo le scuole dell'obbligo ho frequentato l'istituto alberghiero di Treviso . A quei tempi la scuola era ancora intitolata all'attore e gastronomo italiano Giuseppe Maffioli (Padova, 28 aprile 1925 - Treviso, 3 giugno 1985), al quale si deve la paternità trevigiana del Radicchio Rosso di Treviso e la prima identificazione storica del nostro dolce per eccellenza : il Tiramisù.

Maffioli, attraverso le pagine della sua rivista trimestrale "Vin Veneto", attribuiva la nascita del Tiramisù ad una ricetta preparata dal cuoco, Roberto Linguanotto del ristorante " Alle Beccherie " di Treviso. Oggi l'istituto è intitolato al giornalista ed esperto di enograstronomia Massimo Alberini (Padova, 11 aprile 1909 – Venezia, 4 maggio 2000). Ho frequentato per cinque anni dal 1992 al 1997, conseguendo la qualifica nei primi tre anni e il diploma nei successivi due. Ricordo che nel 1992 era in atto un progetto che si chiamava appunto " progetto 92 ". Una svolta rispetto ai corsi precedenti inquanto alla pratica si aggiungeva una parte teorica ampia, approfondita ed impegnativa che comprendeva lo studio delle lingue straniere e della cucina internazionale.

Più volte ai vertici delle competizioni internazionali, tra i primi dieci intagliatori al mondo. Quando ha capito che nascondeva dentro di Lei questo grande talento ?

Mossi i primi passi verso il Food Art nel periodo riminese. Nel 2004 lavoravo presso un noto albergo di Rimini e decisi di partecipare ad un corso promosso dalla "Accademia Maestri Pasticceri Italiani " sponsorizzato dalla Fugar: azienda leader nella produzione di ingredienti per gelaterie e pasticcerie. La tecnica dell'intaglio mi affascinò fin da subito e nei successivi dodici anni coltivai questa passione cercando di migliorare tecnica e preparazione.

Nel 2016 il compianto Orazio Messina, titolare de " Le Golosità " di Bassano del Grappa, mi contattò per propormi di entrare a far parte del suo gruppo di Food Art. Ebbi quindi l'occasione di sperimentare ed apprendere nuove tecniche di lavorazione con materie prime come: zucchero tirato, zucchero soffiato, margarina, marzapane, e altre. Fu un'esperienza meravigliosa che porterò sempre con me assieme al ricordo del caro Orazio.

Nel 2019 vengo contattato dal Presidente provinciale dell'associazione "Assocuochi di Treviso " Alcide Candiotto, che mi propone di entrare nel team intagliatori e di prenderne le redini come capitano. Accetto, e inizia così una nuova avventura tra competizioni e manifestazioni.

Creazione dello Chef Matteo Padoan su forma di sapone con
tecnica di intaglio Thailandese

Medaglie d ' Argento e Bronzo campionati Italiani 2020

Non si sente molto parlare di questi eventi. Non Le sembra strano,oggi che la cucina è diventata sotto alcuni aspetti show bussines ?

Non possiamo paragonare le nostre competizioni artistiche con l'immagine che oggi si ha della cucina e della nostra professione. Certo soffriamo una carenza mediatica, ma l'impegno e la professionalità di cui sono stato testimone in questi anni , non hanno nulla da invidiare ai tanti reality che oggi perversano nei canali televisivi ed entrano nelle nostre case. Come tanti miei colleghi vorrei che quest' arte , in tutte le sue sfaccettature, potesse trovare maggior riscontro mediatico. Spetta a noi che ne siamo i protagonisti impegnarci in futuro in questa direzione.

Cosa pensa della spettacolarità che ha raggiunto oggi il fare cucina ?

Non mi dispiace che la nostra professione e il fare cucina siano diventati così attuali oggi, e che riscontrino un forte seguito in termini di ascolti. Assistiamo al moltiplicarsi in modo vertiginoso di tante trasmissioni televisive che parlano di cucina. Sono nati migliaia di canali digitali che raccontano il Food made in Italy. Ricette, tradizioni e peculiarità territoriali: caratteristiche che solo il nostro Paese può vantare, e che non trovano eguali nel mondo.Tuttavia vorrei mettere in guardia i tanti giovani che vedono in questo mestiere il proprio futuro lavorativo, magari attratti dalla spettacolarità raggiunta in questi anni. Il lavoro del cuoco va ben oltre quello che vediamo in televisione. Essere Chef, gestire una cucina, comporta una visione molto più ampia che non si ferma ai soli fornelli. Forniture, prodotti, collaboratori, sono solo alcuni degli innumerevoli impegni che uno Chef affronta quotidianamente. Nei reality show i protagonisti sono cuochi e piatti: che devono soddisfare i palati e i giudizi di Chef affermati e stellati. Ma non dimentichiamo che nella vera realtà lavorativa, in ogni piccolo o grande ristorante gli unici giudici che incontrerete saranno i vostri clienti. Coloro i quali, inflessibilmente, valuteranno il vostro operato e determineranno successo o fallimento dei vostri piatti.

Qual è il segreto di Chef Matteo e del Suo successo in abito lavorativo e competitivo?

Non esiste un segreto per riuscire nel proprio mestiere o nella passione che decidiamo di segiure. Senza apparire retorico posso solo dire che impegno, dedizione e fatica sono fondamentali per il successo in ogni campo dove si opera. Non pensare mai di essere arrivati. Studiare, aggiornarsi e confrontarsi con i colleghi. Provare, sbagliare e riprovare. Oggi disponiamo di mezzi tecnologici che ci permettono di aprire una finestra sul mondo con un semplice clik. Dobbiamo approfittare di questa opportunità e coglierne gli aspetti migliori.

Ha mai pensato di lavorare all'estero dove i cuochi italiani sono molto richiesti?

Sinceramente no. Amo il mio Paese e voglio continuare a lavoare in Italia. Non ci sono dubbi che la cucina italiana sia la cucina più diffusa e apprezzata nel mondo, ma ricordiamoci che per quanti sforzi si possano fare non sarà mai come cucinare qui in casa nostra. Le materie prime sono fondamentali per la riuscita di un buon piatto italiano e spesso i nostri connazionali all'estero sono costretti ad adeguarsi alle esigenze e ai gusti dei locali, distorgendo quindi, alcune delle regole fondamentali che contraddistinguono le nostre migliori ricette.

Purtroppo nelle nostre cucine nazionali si vedono sempre meno giovani cuochi italiani. Quali sono, secondo Lei, le ragioni di queste "fughe di talenti"?

Indubbiamente il fattore scatenante è sempre quello economico. Gli imprenditori del setore si trovano costretti ad affrontare un costo del lavoro che non vuole diminuire, e di conseguenza non possono offrire il giusto compenso che un giovane talento meriterebbe. Si ripiega quindi su manodopera spesso straniera, o comunque priva delle competenze che un percorso di studio adeguato può offrire. Un tentativo legittimo per limitare i costi e per poter continuare ad operare. Fuori Italia invece, dopo la giusta gavetta, i nostri ragazzi sono particolarmente apprezzati e, se sufficientemente preparati, possono raggiungere risultati professionali ed economici di tutto rispetto.

Lei ha gestito e gestisce cucine che richiedono molto personale. Come si rapporta con i Suoi collaboratori?

Il rispetto reciproco è fondamentale. <u>Bisogna essere camaleontici: ovvero sapersi adeguare alle situazioni e alle persone.</u> Una buona dose di empatia risulta fondamentale. Si deve saper essere inamovibili e severi quando necessario e allo stesso tempo costruire un rapporto di fiducia e amicizia.

Rinunce, sacrefici, ostacoli.

Il nostro lavoro comporta rinunce e sacrefici, come molti atri mestieri. Lavorare nella ristorazione, ovviamente, signifca rinunciare ad orari " normali". Non avere weekend liberi, turni a volte massacranti, e molto altro [...]. Ma tutto si affronta quando prevale l'amore e la passione per ciò che si fa.

Ostacoli purtroppo ce ne sono stati e ce ne saranno in futuro, ma si superano con spirito positivo contando su noi stessi e su chi ci sta vicino.

Il piatto forte di Chef Matteo?

Sinceramente non ho un piatto preferito. Mi piace diversificare la mia cucina ricercando e provando sempre cose nuove. Ma se dovessi proprio dare una risposta direi che risotti e dolci sono una mia piccola passione. In questo periodo grazie a prodotti naturali e biologici sto riscoprendo l'uso di spezie come zafferano, finocchietto, lavanda, fiori di tagete, petali di rose e molte altre che abbino ai miei risotti e ai piatti tipici della tradizione veneta.

Risotto Gambeterri e Asparagi

I Suoi prossimi impegni agonistici?

Aspettiamo il 2022 per i campionati Italiani e per i mondiali che si terranno in Lussemburgo.

Chef Matteo, perchè ha scelto di aderire ad EtichettaVeneta ?

Mi piace il vostro progetto basato sul racconto delle persone e delle loro storie e non semplicemente del prodotto finito. Viviamo un'epoca straordinaria dove però la velocità delle nuove tecnologie ha indubbiamente sottratto uno spazio importante al rapporto umano. Condivido con voi l'idea di ricerca e di comunicazione e spero di poter dare un mio piccolo contributo in futuro.

Quali consigli sente di dare ai giovani che vogliono intraprendere la Sua stessa carriera?

Credete in voi stessi, non fermatevi mai , ma soprattutto non adeguatevi alle leggi del mercato. Chiedete il giusto riconoscimento se lo meritate. Passione ,dedizione e studio sono le vostre armi migliori , usatele e troverete la via giusta verso il successo.

Lussemgurgo 2022

Nota : durante la revisione e la stesura dei questo libro si sono tenuti i campionati mondiali di cucina artistica 2022 in Lussemgurgo. Chef Matteo Padoan ha conquistato quattro medaglie regalando a Treviso due bronzi nella categoria intaglio vegetali pronti, un argento nella categoria opere salate con formaggi intagliati in stile thailandese e la tanto inseguita ed ambita medaglia d'oro nella disciplina carving live. L'Oro arriva dopo una lunga opera di intaglio durata 3 ore. Uno dei traguardi più prestigiosi per ogni intagliatore.

| Facebook | Matteo Padoan |
| Istagram | padoanmatteo |

zanatta

CAFFÈ

Conosco Marco Zanatta da più di venticinque anni, fin da quando muoveva i sui primi passi nel mondo della caffetteria. Sono stato testimone, nelle vesti di fornitore, della sua crescita personale, professionale ed imprenditoriale. Ho sempre considerato Marco come un esempio da seguire e dal quale apprendere segreti e capacità. Nel 2014 ho aperto il mio Bar Caffè servendo il prodotto Zanatta Caffè prendendo ispirazione da Marco e cercando di seguire un modello di servizio professionale e di livello che da sempre contraddistigue la sua opera.

Presentazione azienda

Zanatta Caffè è una realtà territoriale fondata e concepita da Marco Zanatta titolare, assieme alla moglie Manuela Talia, della Caffetteria Centrale di Silea.

La sua storia inizia l'otto Marzo del 1997 quando Marco e Manuela, dopo un'esperienza durata nove anni presso lo storico locale " Ai Soffioni " – allora diretto da Renato Montirosso e dalla Sig.ra Lorena – decidono che è giunto il momento di rischiare. Rilevano quindi la gestione della Caffetteria Centrale nel Comune di Silea: una elegante e accogliente cittadina che si affaccia sulle splendide acque del fiume Sile.

I primi anni di attività sono molto duri ed intensi. Marco e Manuela non demordono e continuano a servire i loro clienti offrendo prodotti di qualità e un servizio impeccabile. Gli sforzi vengono presto premiati e i risultati tanto sperati non tardano ad arrivare. Il rapporto con i cittadini si solidifica e presto la Caffetteria Centrale diventa un punto di riferimento per tanti residenti. I servizi offerti da Marco e Manuela, la loro gentilezza, la professionalità e l'eleganza valicano i confini comunali.

Nel 2013 gli strascichi della crisi economica del 2008 iniziano a farsi sentire anche nel settore " Horeca " (hotel-ristorazione-caffetteria). Ma una intuizione di Marco, figlia dello spirito imprenditoriale che da sempre lo contraddistingue, si dimostra azzeccata e lungimirante.

Dopo una cena serale, su consiglio di Umberto Golfetto - vecchio amico di famiglia attivo nel settore della vendita di caffè - Marco prende la decisione che cambierà per sempre il futuro della sua azienda.

Fonda quindi il marchio Zanatta Caffè e si lancia di fatto nel mondo dell'imprenditoria. L'azienda si affida alla Galliano Caffè di Quinto di Treviso per la torrefazione del caffè. Marco studia miscele, proporzioni e provenienza della materia prima e propone il suo prodotto sul mercato. Il successo è immediato e la risposta positiva.

Nel 2018 nasce il marchio Zanatta Sweet & Savoury che unisce due realtà diverse ma complementari: caffetteria e biscotteria.

Oggi a distanza di venticinque anni dal primo caffè servito, l'azienda Zanatta Caffè s.r.l. conta dodici dipendenti nel settore caffetteria, diversi punti vendita Zanatta Caffè, quattro miscele selezionate in grani per bar e ristoranti, una linea di capsule per il consumo casalingo, più venti referenze di prodotti affini e un fatturato continua crescita.

Caffetteria Centrale Silea

Zanatta Marco

Presentazione personale Marco Zanatta

Zanatta Marco titolare della Caffetteria Centrale di Silea
fondatore del brand Zanatta Caffè e del marchio Zanatta
SWEET & SAVOURY.
Marco nasce a Treviso nel 1970 frutto dell'amore tra
papà Plinio e mamma Lidia. Una famiglia normale quella
di Marco: mamma casalinga e papà operaio.
Dopo aver terminato le scuole elementari frequenta
l'istituto Pio X di Treviso.
L'impatto con la nuova realtà scolastica scuote Marco,
che però dimostra una buona capacità di apprendimento e
un ottimo rapporto con i professori. Tuttavia qualcosa lo
turba. Sente che non appartiene ad un ambiente
particolarmente selezionato – come quello che riserva un
istituto così prestigioso- e la mancanza degli amici del
quartiere si fa sentire. Questo nascosto disagio che Marco
prova, non sfugge a mamma Lidia e papà Plinio. Marco
ritorna tra i banchi di scuola del suo paese e ritrova gli
amici d'infanzia. Una svolta che segnerà per sempre la sua
vita personale e professionale. Tra i compagni di classe
Marco incontra una splendida ragazzina di nome Manuela:
la donna che diventerà sua moglie dodici anni più tardi.
Nel 1984, ascoltando il consiglio dei professori, Marco,
pur orientato verso uno studio artistico, sceglie di
intraprendere un percorso professionale e si iscrive
all'istituto Alberghiero Giuseppe Maffioli di Conegliano
seguendo i corsi formativi nel settore cucina. Nel 1989
consegue il diploma di cuoco ed è pronto per
l'inserimento nel mondo del lavoro.
Purtroppo il destino riserva un brutto colpo per lui e per

la sua famiglia che subisce la prematura scomparsa di papà Plinio . La perdita sconvolge Marco, ma genera in lui una reazione inaspettata e la consapevolezza che il futuro poggia tutto sulle sue spalle. Arriva quindi improvvisamente la più importante chiamata della sua vita.

Manuela la ragazza conosciuta in tenera età, e con la quale Marco aveva allacciato un rapporto più che amichevole, lo contatta per proporgli un impiego come banconiere presso il famoso ed elegante locale " Ai Soffioni " sotto la Loggia di Piazza dei Signori di Treviso. Marco accetta. L'incontro con i gestori di allora si rileva decisivo per il futuro professionale di Zanatta.

Nel 1995 , il 27 Maggio, Marco e Manuela coronano il loro sogno d'amore e si uniscono in matrimonio. Una love story iniziata dodici anni prima, tra i banchi di scuola, e che trova il suo compimento per la felicità di entrambi.

Nel Gennaio 1997 Marco e Manuela ricevono una offerta molto interessante: rilevare la gestione della Caffetteria Centrale di Silea. Un locale di proprietà del Signor Renzo Taffarello, che ha visto alternarsi parecchie gestioni , senza però mai decollare. La giovane coppia accetta la sfida e l' 8 Marzo del 1997 inaugurano la loro nuova attività .

Oggi a venticinque anni dall'inizio di questa avventura, Marco Zanatta ripercorre il lungo cammino professionale, svelando una parte nascosta della sua personalità e della vita privata. Ci offre una visione completa di come dedizione ed impegno siano la chiave per aprire le porte del successo personale ed imprenditoriale.

Intervista

Chi è Marco Zanatta ?

Sono un uomo di cinquantuno anni sposato con Manuela da ventisei, dopo un fidanzamento durato dieci anni. Una vita insieme iniziata da adolescenti e che ancora oggi mi regala le stesse emozioni e gli stessi sentimenti che hanno intrecciato le nostre vite. Sono nato dall'unione di mamma Lidia e papà Plinio, due genitori straordinari che non finirò mai di ringraziare per quello che sono riusciti a trasmettermi: principi che non ho mai smesso di seguire durante tutta la mia vita. Ho una sorella Antontonella, due splendidi nipoti e due adorabili pronipoti. Mi ritengo una persona tranquilla che basa la sua esistenza su valori fondamentali come : umiltà, rispetto per il prossimo e altruismo. Se posso cerco di aiutare chi ha bisogno o chi non ha avuto le mie stesse opportunità nella vita professionalmente e privata. Mi sento una persona particolarmente fortunata, che ha saputo raccogliere gli insegnamenti della vita e farne tesoro. " Non avere paura di avere coraggio " sono le parole che mi hanno accompagnato, e continueranno ad accompagnarmi, durante tutto il mio cammino. Un pensiero che cerco di trasmettere a chi incontro nella vita privata e pubblica.

Qual è stato il percorso di studio intrapreso dal giovane Marco Zanatta ?

Dopo le scuole elementari ho avuto la fortuna, grazie alla spinta dei miei genitori, di conoscere due realtà opposte delle scuole medie che mi hanno formato nel carattere, e in qualche maniera condizionato nella scelte future.
Ho iniziato frequentando un noto istituto privato di Treviso: l'istituto Pio X . Papà aveva un lavoro semplice e dignitoso ma voleva il meglio per noi figli.
Decise di darmi la possibilità di frequentare uno dei migliori istituti presenti in provincia. I miei risultati e il rapporto con i professori erano molto soddisfacenti. Tuttavia sentivo di non appartenere a quel mondo particolarmente selezionato. L'intuizione di mia madre e l'amore di mio padre fecero si che io potessi tornare a frequentare le scuole medie Marco Polo di Silea, assieme ai vecchi amici. Avrei voluto dedicare i successivi anni di scuola allo studio artistico, ma seguii i consigli dei professori e scelsi un istituto professionale. Optai quindi per l'Istituto alberghiero Giuseppe Maffioli di Castelfranco, seguendo il corso formativo per diventare cuoco. Durante questo periodo, oltre che per la cucina, sviluppai anche un forte interesse per il settore Sala- Bar, che suscitava in me un fascino inaspettato. Inoltre, unendo didattica e praticantato, potei acquisire consapevolezza ed essere pronto all' inserimento nel mondo del lavoro.
Terminati i tre anni di studio , e conseguito il diploma come cuoco, avrei voluto continuare i successivi due anni per completare la mia preparazione. Purtroppo nel Giugno del 1989 subimmo la perdita prematura di mio padre.

Avevo diciotto anni e mia madre restava sola ad occuparsi della sua famiglia. Decisi allora di terminare gli studi e di cercare un impiego per fornire supporto concreto alla famiglia.
La scomparsa di mio padre fu un momento tragico e difficile. Ma mi fece crescere caratterialmente e come uomo. Trovai dentro di me quella consapevolezza e quel coraggio che papà mi aveva trasmesso per tutta la vita. Attraverso i suoi esempi ,i suoi sguardi e i suoi silenzi riusciva a trasmettere più di mille parole. Mi piace pensare che questa forza che cresceva dentro di me e che tutt'ora conservo nel mio spirito, non sia stato altro che l'ultimo regalo di papà.

Ricorda Suoi primi passi nel mondo del lavoro ?

Dopo la perdita di papà nel 1989 avevo trovato un impiego come cuoco stagionale nella città turistica di Jesolo. Tutto era pronto per la mia partenza, quando, incontrai Manuela durante una passeggiata in centro Treviso. In quel periodo io e Manuela avevamo concordato una pausa nella nostra relazione.
Tuttavia il nostro affetto era restato immutato. Manuela preoccupata che dovessi lasciare mia madre da sola mi riferì che nel locale dove lei prestava servizio erano alla ricerca di una figura addetta al bar da inserire in organico.
Venni assunto dopo il colloquio con il Signor Montirosso Renato titolare, assieme alla Signora Lorena, del locale " Ai Soffioni" di Piazza dei Signori in centro Treviso. Una Caffetteria elegante e raffinata con una clientela

particolarmente selezionata. Inizialmente la mia inesperienza, la giovane età e la storicità del luogo mi misero in leggera difficoltà. Ma grazie alla grande professionalità del Signor Montirosso e ai suoi insegnamenti riuscii a superare i momenti più critici e difficili. Ringrazierò sempre Renato per essermi stato mentore e per aver creduto, fin da subito, nelle mie capacità.

Pochi mesi dopo mi vennero affidate mansioni di responsabilità , che mai avrei pensato potessero essere delegate ad un ragazzo così giovane ed inesperto. Il nostro rapporto di lavoro durò nove anni , durante i quali ebbi la possibilità di apprendere, e crescere sia professionalmente che personalmente.

Quando nasce la passione per il caffè ?

Diciamo che nel cuore custodisco due grandi passioni. Una maturata in giovane età e l'altra cresciuta in ambito lavorativo. La prima a cui mi riferisco è certamente la cucina. Ho sempre avuto una particolare attenzione per le opere artistiche e per tutte le espressioni d'arte. Considero la cucina un meraviglioso percorso di trasformazione e di creazione. Immaginiamo un semplice alimento che magicamente diventa un'opera d'arte e viene presentata come tale. Sono sempre stato affascinato dalla fantasia e dalla creatività che ogni grande chef, o piccolo cuoco, riesce a trasmettere presentando i propri piatti. Una tela di colori e sensazioni che solo passione, dedizione e studio riescono a dipingere. La seconda, ovviamente, è diventata

58

il caffè : mia ragione di vita.

Questa passione si è sviluppata durante l'esperienza lavorativa presso la caffetteria " Ai Soffioni ". Mi sono reso conto che la preparazione e il servizio di un buon caffè non si limitava al semplice utilizzo di una macchina. Dietro ogni tazzina si nasconde una storia e una preparazione affascinante e degna di essere raccontata al cliente.

Provenienza del singolo chicco (importante per dedurne qualità e gusto).

Composizione della **miscela**, (se mono origine o composta da più selezioni).

Tempi di tostatura e raffreddamento.

Macinatura (grossa o fina) e grammatura (importante per una dose adeguata di prodotto).

Manutenzione e pulizia della **macchina** (essenziale per un ottimo risultato finale).

In fine l'arte del preparare un caffè, che solo abilità , esperienza e **mano** del barista possono garantire.

Tutto questo fascino cresceva dentro di me e mi incuriosiva sempre di più, fino a spingermi ad intraprendere diversi corsi formativi ed aumentare la conoscenza di questa antica e affascinante bevanda.

Quando decide che è venuto il momento di rischiare?

Non parlerei di rischio, ma piuttosto di coraggio. La parola e il sentimento che mi ha sempre accompagnato durante le sfide della vita.

Lavoravo con Manuela alla caffetteria "Ai Soffioni " ormai da nove anni ed eravamo sposati da due. Un giorno ricevetti una visita inaspettata da parte di un caro amico, Riccardo Schiavinato. Riccardo mi propose di considerare la possibilità di subentrare nella gestione della Caffetteria Centrale di Silea di proprietà del Signor Renzo Taffarello. Il locale aveva cambiato alcune gestioni negli anni, ma non riusciva a decollare in maniera soddisfacente. Eravamo conosciuti dalla proprietà, nostri clienti ai Soffioni, che spingeva molto perché entrassimo e prendessimo le redini della caffetteria. Dopo essermi confrontato con Manuela insieme decidemmo di accettare questa sfida e mano nella mano creare il nostro futuro. Il distacco dal Signor Montirosso e dai "Soffioni" fu decisamente difficile.Ma Renato non ci fece mai mancare il suo appoggio anche e soprattutto nei primi mesi di apertura.

Ricorda le Sue preoccupazioni ?

Si certo. Quando si affrontano cambiamenti significativi e si decide di intraprendere un percorso imprenditoriale come il nostro, ovviamente le preoccupazioni non mancano. Non mi piace parlare di paure , perché sono convinto che la paura non aiuta ad affrontare le sfide che la vita ci riserva. Preferisco parlare di coraggio : il coraggio di non aver paura.
La più grande inquietudine era quella di non essere accettati dai Silesi. Venivamo da un'esperienza in un locale del centro di Treviso e avevamo imparato un metodo di lavoro rigoroso e basato su di uno stile particolarmente elegante e raffinato. Avevamo la preoccupazione di intimorire i nuovi clienti.
Le nostre angosce si dimostrarono fondate durante i primi anni di attività. Tuttavia con il passare del tempo le cose migliorarono e i nostri nuovi compagni di viaggio iniziarono ad apprezzarci per quello che eravamo e per quello che potevamo offrire : con o senza cravatta.

Come si superano le paure ?

Ogni paura per essere superata va trasformata in opportunità di crescita e, se necessario, di cambiamento. Nel nostro caso abbiamo fatto una scelta molto precisa. Ci siamo messi a disposizione del territorio e delle sue esigenze adeguandoci alle circostanze.
Molte volte lo sbaglio che commettiamo è quello di focalizzarci su ciò che ci sembra giusto e corretto, senza

una visione più ampia della situazione. Non dobbiamo seguire necessariamente una precisa ortodossia da manuale. Ma essere pronti a qualsiasi innovazione che il mercato richiede: diversificare le nostre strategie di approccio, accoglienza e servizio. Le paure e le difficoltà vanno affrontate, studiate, capite e superate. Non dobbiamo e non possiamo lasciarci intimidire dai primi ostacoli. Preparazione, pianificazione e diversificazione sono le armi a nostra disposizione. Il tempo, la passione, la dedizione e la professionalità verranno ripagati ed accettati. Come nel nostro caso quando, dopo anni di conoscenza reciproca, abbiamo potuto tornare a presentarci con lo stile e l'eleganza che oggi contraddistingue la Caffetteria Centrale di Silea.

Quanto è stato importante, nel momento delle scelte difficili, l'appoggio della famiglia?

Mi ritengo un uomo molto fortunato. Da parte della mia famiglia ho sempre avuto un supporto morale, etico ed educativo che mi ha aiutato in tutte le decisioni. Papà Plinio e mamma Lidia non mi hanno mai fatto mancare il loro appoggio e la libertà di scelta. Mi hanno incoraggiato e spronato nel seguire idee e convinzioni, trasmettendomi coraggio e intraprendenza senza opporre ostacoli alla voglia di emergere. Anche nei momenti più tristi che la nostra famiglia ha vissuto non ho mai percepito diffidenza o paura per il futuro che mi stavo costruendo.

Poi nel sentiero della mia vita è apparsa Manuela : la

mia vera forza, la spalla su cui mi sono appoggiato e continuo ad appoggiarmi.

Molte persone non credono sia possibile lavorare e condividere la stessa vita. Ma nella realtà ci sono esempi tangibili che questo binomio sia possibile. La cosa importante è saper scindere i due mondi e non far mai mancare la propria presenza l'uno per l' altra. Posso affermare con forza che oggi probabilmente non potrei vivere e raccontare questa meravigliosa avventura se al mio fianco non avessi avuto una donna straordinaria come Manuela.

Non posso infine dimenticare due persone che allo stesso modo hanno dedicato tempo e cuore al nostro progetto : i genitori di Manuela. I primi anni di attività sono stati veramente duri da affrontare. Le ore in caffetteria erano interminabili, e i compiti da svolgere innumerevoli. Prima Piera e poi Eliano si sono messi a disposizione supportandoci con il loro lavoro in tutte le mansioni necessarie. Ricordo molto bene quel periodo, quando le nostre famiglie si riunivano dalle prime ore dell'alba fino ad notte inoltrata. Oggi i miei suoceri non ci sono più, ma resta indelebile nel cuore il loro ricordo.

Ogni giorno dedico a Loro, e a mio Padre, un pensiero d'affetto e ringraziamento per tutto quello che hanno fatto per me e per Manuela.

Ci sono stati momenti di particolare difficoltà durante la Sua carriera?

Le difficoltà maggiori nel nostro settore, come in molti altri mestieri, provengono soprattutto dal rapporto con le persone. In alcuni momenti ho trovato difficile rapportarmi con persone con le quali non riuscivo ad entrare in sintonia. Ma l'esperienza, il dialogo ed uno spirito positivo mi hanno aiutato a superare queste avversità caratteriali.

Sotto il profilo professionale ricordo il periodo post 2008. Gli strascichi della crisi economica, accompagnati dalla perdita di molti posti di lavoro, iniziavano ad intaccare anche il settore bar – caffetteria. Ma come spesso mi piace ricordare, dobbiamo saper cogliere , anche nelle difficoltà , la possibilità che esse stesse rappresentino un'opportunità di crescita e di sviluppo. In quel periodo, contrariamente a quanto veniva consigliato, decisi di non restare immobile e di reagire. Trasformai, quello che prima era un "personal branding" basato ed incentrato solo sulle nostre figure, in un Brand che andasse oltre Marco e Manuela. Decisi quindi di fondare il marchio Zanatta Caffè e di investire risorse ed energie in questo progetto.

Oggi a distanza di venticinque anni posso ritenermi soddisfatto e orgoglioso di non aver ceduto innanzi agli ostacoli che inevitabilmente si presentano durante il nostro cammino.

Sappiamo che oltre alla Sua professione Lei è molto impegnato in altri settori altrettanto importanti come : solidarietà, sport e associazionismo tra attività commerciali del suo Comune . Ci racconta qualcosa ?

Vivere un territorio significa partecipare e condividere le tante iniziative che lo stesso luogo, e le persone che lo abitano, propongono e creano. Io ho avuto la fortuna, grazie alla nostra attività, di conoscere ed incontrare molte delle persone protagoniste di queste realtà. Ho scelto di dedicarmi a loro, nella convinzione di poter restituire una parte di tutto quello che questa meravigliosa città ha regalato a me.

Esistono associazioni sportive, solidali e di cooperazione che vanno sostenute e fatte conoscere per far si che possano continuare la loro azione a beneficio di molti.

Ho conosciuto grazie ad un carissimo amico di infanzia, Piero Pool, affetto dalla sindrome di down, l'associazione "Adelante": guidata con grande dedizione dal Presidente Matteo Nadali. Adelante si occupa principalmente del sostegno ai ragazzi e alle loro famiglie. Insieme organizziamo eventi ed incontri per promuovere delle raccolte fondi e per far conoscere l'associazione ai residenti di Silea e non solo. Un' esperienza che ogni giorno mi regala emozioni sempre nuove. Per quanto possa sembrare paradossale è forse più quello che riceviamo che quello che cerchiamo di donare a questi ragazzi. Le loro manifestazioni d'affetto e il sincero amore che trasmettono riempiono il cuore e ci ripagano per ogni sforzo affrontato. Parlando con molti genitori emerge una preoccupazione comune : il futuro dei loro figli nel momento inevitabile del distacco. Con Adelante cerchiamo di dare una risposta a questo quesito, garantendo, per quanto possibile, una sicurezza e una relativa serenità per queste famiglie.

Per quanto riguarda lo sport invece sosteniamo le squadre del territorio. Sono realtà molto importanti per noi Silesi, per i nostri ragazzi e per tutti coloro che vi partecipano.

Nella sfera economica e commerciale le iniziative non mancano. Il nostro impegno si incontra con quello di molti altri imprenditori e commercianti della zona. Abbiamo fondato l'associazione " AICASA" - acronimo di Associazione Imprenditori Commercianti Artigiani Silea - con l'intento di conoscerci e farci conoscere all'interno dei confini comunali. Promuoviamo iniziative comuni di carattere pubblicitario, comunicativo e di promozione territoriale. Siamo attivi in diversi settori e contiamo su circa ottanta associati.

Come presidente di AICASA sento la responsabilità per questo incarico e per la fiducia che i soci hanno voluto riporre in me. Oggi AICASA , ASCOM TV e Amministrazione comunale di Silea si sono unite in un progetto comune dando vita all'associazione pubblica-privata denominata " SILEA TERRE D'ACQUA" ottenendo il riconoscimento ufficiale da parte della regione Veneto come DUC : Distretto Urbano del Commercio. Anche in questo sodalizio mi è stato affidato l'incarico di presidente e mi auguro di essere all'altezza delle aspettative e della fiducia che amministrazione e soci mi hanno concesso.

Come sceglie collaboratori e fornitori e come si rapporta con loro ?

Il rapporto con i miei collaboratori è fondamentale. Ho avuto la fortuna di incontrare persone straordinarie durante la mia carriera. Collaboratori storici presenti e passati hanno rappresentato, e rappresentano, le colonne portanti della nostra attività. Sono con noi da moltissimi anni e trasmettono la loro professionalità e passione ai nuovi arrivi. Ritengo indispensabile instaurare fin da subito un dialogo costruttivo per capire quali sono le aspettative e lo spirito che muove un candidato ad entrare nel nostro team: il collaboratore deve rappresentare una risorsa per l'azienda e non un mero costo aziendale. Se nel mio collaboratore prevale la volontà ad intraprendere un cammino comune e a raggiungere obbiettivi condivisi, troverà tutta la collaborazione e l'appoggio che un buon datore di lavoro deve ai suoi partner. Questo e quello che cerco in ognuno di loro: la voglia di crescere insieme , raggiungere traguardi comuni che vanno oltre un semplice servizio retribuito. Lascio sempre grande spazio di manovra ai miei ragazzi perché possano sbagliare ed imparare dai loro stessi errori. Non mi ritengo, come spesso accade in altre realtà, un " impositore" di regole o metodi. Tutt'altro! Mi confronto periodicamente con tutto lo staff attraverso incontri programmati dove discutere e ragionare insieme rispettando visioni perplessità e nuove idee che posso emergere.

Questo modo di operare sono convinto sia l'approccio ideale per instaurare quella consapevolezza interiore di cui ogni persona necessita per migliorare e migliorarsi nel proprio campo di lavoro. Con i nostri fornitori mi comporto alla stessa maniera. Ovviamente la qualità dei prodotti è importantissima in questo settore. Dobbiamo sempre fornire un servizio e un prodotto che soddisfi i nostri clienti. Mi piace costruire un rapporto di rispetto reciproco e, anche con i fornitori, un progetto di crescita comune. <u>La ricerca e lo sviluppo sono alla base per costruire una collaborazione efficace e a lungo termine.</u>

Marco Zanatta con la linea proditti Zanatta Caffè

Pregi e difetti di Marco Zanatta.

Bella domanda! Non mi piace descrivermi e giudicarmi, preferisco siano le altre persone a farlo. Ma dovendo rispondere direi che il mio più gran pregio a volte si rivela anche il mio peggior difetto: almeno credo!
Sono una persona molto altruista, mi sono sempre messo a disposizione degli altri. Spesso questa attitudine non viene percepita e/o capita nella maniera corretta. Credo nella parola amore e in ciò che essa rappresenta. Amare vuol dire donare: non solo necessariamente nel momento in cui si riceve un qualcosa. Mi ritengo una persona fortunata, assieme a mia moglie abbiamo costruito qualcosa di importante ed ora mi sento pronto a dare, quel che posso, al prossimo. Spesso questa volontà mi ha causato qualche difficoltà.
Non è stata capita e percepita nella maniera corretta. Ma questa è una parte di Marco che mi piace e che non intendo cambiare. Non amo le critiche poco costruttive o banali. Mi piace discutere e analizzare ogni dubbio o perplessità, purché fondato su motivazioni valide. Nel corso degli anni questo aspetto caratteriale si è leggermente affievolito, grazie alle esperienze accumulate sia in ambito lavorativo che in quello sociale. Oggi preferisco una pacata riflessione piuttosto che un' impulsiva reazione.

Il Suo percorso professionale ha visto una crescita continua in questi lunghi anni di attività. Da caffetteria ad imprenditore nel settore della fornitura di caffè, biscotteria e prodotti affiliati.
Cosa offre Zanatta Caffe ?

L'Impresa Zanatta Caffè s.r.l. offre al suo cliente una presenza a trecentosessanta gradi.

Come caffetteria abbiamo sviluppato una strategia di lavoro che copre l'intera giornata, pianificando il servizio su cinque fasce orarie : <u>colazione, launch leggero, merenda pomeridiana ,aperitivo e after dinner</u>. Cerchiamo di adeguare le nostre proposte alle esigenze dell'avventore. Diciamo che fermarsi solo al "titolo" di caffetteria risulta un pò riduttivo.

Oggi un locale deve operare su tutto l'arco giornaliero, ottimizzando spazi e risorse. Anche la semplice esposizione dei prodotti richiede uno studio e una precisa pianificazione, modificandosi con il passare delle ore. Le referenze legate ad una determinata fascia operativa non possono e non devono essere presenti in altri contesti orari. <u>Le vetrine espositive parlano al cliente e lo invitano al consumo</u>. Gli abbinamenti risultano quindi fondamentali per stuzzicare il palato dell'ospite, per realizzare ogni suo desiderio ed accrescere le vendite.

Zanatta Caffè Home attraverso la brandizzazione dei propri prodotti offre la possibilità di guatare comodamente in casa tutto ciò che si consuma in caffetteria: partendo dal caffè fino ad arrivare alla biscotteria.

Nel settore vendite esterne l'azienda propone una fidelizzazione con quanti vogliono servirsi dei nostri

prodotti. Cerchiamo di esportare il modello Caffetteria Centrale in altri locali, fornendo brand , prodotti e formazione. Abbiamo studiato e selezionato quattro miscele adatte ad ogni tipologia di locale. Zanatta Gourmet 100% Arabica (adatto per caffetterie e pasticcerie gourmet).
Zanatta Velvet 90% Arabica-10% Robusta (indicato per caffetteria).
Zanatta Intense 70% Arabica 30% Robusta (ideale per bar-caffetteria). Zanatta Strong 40% Arabica 60% Robusta (consigliato per ristoranti-pizzerie e hotel).
La materia prima proviene in prevalenza, per quanto riguarda il chicco Arabica dal sud America e dal centro Africa. Per la Robusta optiamo per zone geografiche come sud est Asiatico. Inoltre offriamo una gamma selezionata di prodotti dolciari e affini attraverso il nostro brand Zanatta SWEET & SAVOURY, frutto di collaborazioni ricercate ed esclusivamente di natura territoriale.

Biscotti   Zanatta Sweet & Savoury

Sala pranzo

Non solo Caffè

L'importanza della comunicazione nel Vostro settore secondo Marco Zanatta.

La comunicazione è fondamentale nel nostro settore. Saper comunicare significa promuovere i propri prodotti e servizi. Esistono svariati modi per fare comunicazione: partendo dai classici e più datati , fino ad arrivare alle moderne tecniche di cross media. Anche se può sembrare anacronistico il <u>passaparola</u> funziona ancora, ed è alla base di ogni scambio di informazioni. <u>Per questo motivo non dobbiamo mai tralasciare il messaggio che parte da noi stessi, e dal nostro comportamento nei confronti del cliente.</u> Non possiamo esimerci dal misurarci con le nuove frontiere della diffusione e quindi affidarci ad esperti in questo settore. La velocità e la multimedialità di oggi non possono essere affrontate da inesperti. Se vogliamo raggiungere traguardi interessanti dobbiamo affidarci a professionisti dell'informazione affrontando costi ed investimenti necessari alla crescita della nostra azienda.

Progetti per il futuro ?

Nel 2017 abbiamo investito molto sul nuovo abito della Caffetteria Centrale, ridisegnando l'intero arredamento interno ed esterno. Una decisione maturata negli anni e che ci ha regalato parecchie soddisfazioni ed apprezzamento da parte dei nostri clienti.
Per quanto riguarda il futuro vorrei riuscire a delegare la gestione della caffetteria e dedicare più energie allo sviluppo del marchio Zanatta Caffè .

In questi anni siamo stati incubatore di idee e progetti, penso sia venuto il momento di svilupparli.

Oggi stiamo avviando una importante collaborazione con una giovane star up dolciaria " Il Pasticcere del Cuore " guidata da Stefano Codognotto : un giovane intraprendente di venticinque anni. Assieme al padre Maurizio Codognotto - storico rappresentante di una nota azienda distributrice di prodotti alimentari - Stefano ha da poco allestito il suo nuovo spazio aziendale dotandolo di celle frigorifere e di tutto il necessario per avviare questa impresa. Vogliamo rivolgerci all'intero settore HORECA fornendo prodotti di caffetteria e dolciari, fino ad arrivare a servizi catering.

Caffetteria Centrale Silea

Vetrine espositive Caffetteria Centrale Silea

Quali consigli sente di poter dare ai giovani che si avvicinano a questo mestiere?

Alcuni anni fa ho partecipato a dei Master formativi come docente e ho avuto la possibilità di confrontarmi con molti giovani studenti. Le decisioni importanti arrivano molto presto e già dopo i primi anni di studio è importante indirizzare la nostra mente in ciò che realmente vogliamo fare.

I genitori – il lavoro più difficile del mondo- rivestono un ruolo importantissimo in queste scelte ma spesso si fanno condizionare dalle proprie aspettative o dai propri sogni.

Io consiglio di guardare oltre e di capire cosa realmente può interessare ai nostri figli e concentrarsi sul loro benessere fisico e mentale. Anche scegliere un percorso professionale ed affrontarlo seriamente può portare a dei risultati di successo nella vita. Aprire un dialogo con i professori risulta fondamentale, come anche ascoltare il loro consiglio.

Ma dipende sempre dai nostri ragazzi dai loro sogni e da ciò che più li appassiona. Non spingiamoli in direzioni verso le quali non vogliono andare.

Ai nostri giovani posso solo dire di seguire i loro sogni con impegno e passione. Porsi degli obbietti ed inseguirli. Passione, studio, didattica e dedizione faranno la differenza. Concentrate le vostre energie in ciò che credete e sicuramente si apriranno le porte del successo.

Zanatta Caffè
Via Roma, 57 Silea Treviso

Facebook	Marco Zanatta
Facebook	Caffettereria Centrale – Zanatta Caffè
Istagram	zanatta_caffe_cafetteria
E-mail	caffetteriacentrale1997@gmail.com
E-Mail	caffetteriasilea@zanattacaffe.it
	www.zanattacaffe.it

Walter Turniano rappresenta un esempio di come passione e amore per uno sport possono trasformarsi in un bussines di successo. Registrare questa intervista,scoprire il percorso di nascita ed evoluzione di Italica – pandabike è stato emozionante. L'impegno di Walter verso l'ambiente e a favore di una mobilità sostenibile e condivisa si percepisce ad ogni sua parola. Convinzioni ed impegni che Walter trasferisce nella sua azienda con metodi di gestione aziendale ecosostenibili e a basso impatto ambientale.

Presentazione azienda

Italica è una azienda trevigiana leader nella progettazione, produzione e vendita di biciclette personalizzate, cargo bike e rastrelliere per le due ruote : una azienda...3 soluzioni recita lo slogan aziendale. Fondata nel 2008 da Walter Turniano l'azienda vive un periodo fortunato di forte crescita.

Nel 2015 acquista il marchio " pandabike" iniziando così una nuova sfida che la vede impegnata nella progettazione e creazione di cargo bike.

Lo spirito ecologista del fondatore guida le scelte amministrative, logistiche e costruttive : riflettendosi sul prodotto che offre ai propri clienti.

Oggi Italica,oltre che ai modelli classici di biciclette personalizzate, produce con successo tre modelli di punta del prodotto pandabike.

Il modello Panda Classic : con seduta lunga.

Il modello Panda Cuore : con seduta corta.

Il modello Panda Smoking : con seduta posteriore doppia o singola.

L' azienda opera in tutto il territorio nazionale e vanta circa quaranta collaboratori tra interni ed esterni, uno showroom espositivo dove poter ricevere il cliente, e un fatturato in continua crescita.

Walter Turniano

Presentazione Walter Turniano

Walter Turniano, fondatore e titolare dell'azienda Italica: leader nella produzione di biciclette personalizzate, cargo bike e rastrelliere per le due ruote. La sua carriera inizia da lontano. Prima come rappresentante di strumenti musicali: professione che nasce dalla grande passione per la musica di Walter. Oltre a dedicarsi alla vendita, assieme al cugino David Contesotto fonda nel 1990 il gruppo musicale "Profumo Nero" riconosciuto a livello nazionale. Un amore per le note che, a distanza di quasi tre decenni, continua ad emozionare e coinvolgere Walter e David impegnandoli addirittura in un nuovo progetto di gruppo musicale chiamato " Natural_Mente".

Dopo una lunga esperienza come addetto alle vendite presso il concessionario ufficiale della Mercedes-Benz di Treviso (che lo ha visto anche premiato come miglior venditore d'Italia nel 1999) e un passato nel mondo del ciclismo, Walter raccoglie il proprio bagaglio professionale e personale e si lancia nell'avventura imprenditoriale.

Nel 2008 in piena crisi economica sfidando ogni previsione negativa, apre il sito web www.biciclettepersonalizzate.com. Le pretese non sono alte ma la volontà di dedicarsi a questo mondo, che lo ha visto protagonista fin da bambino è più forte di ogni dubbio. Presto, quasi inaspettatamente, i primi risultati arrivano.

Nel 2015 Walter acquisisce il marchio pandabike -da un importatore che si rifornisce dal mercato cinese, spostando l'intera produzione dalla Cina alla provincia di Treviso avvalendosi di collaboratori scelti personalmente. Un percorso controcorrente rispetto ad altre realtà concorrenziali, ma che distingue il carattere di Walter e la sua determinazione nel creare un prodotto a basso impatto ambientale e che rispetti le fondamentali regole di produzione. Ripone quindi la fiducia verso i nostri artigiani locali, nella professionalità e nell'esperienza che contraddistingue da sempre le Maestranze Venete.

Nel 2021 assieme alla compagna Anna e al cugino David, apre il primo showroom Gargo Bike House Treviso nel quartiere di Santa Bona a Treviso, dove Walter vive ed è cresciuto.

Oggi a distanza di dodici anni dalla prima pubblicazione in rete, l'azienda Italica e il marchio pandabike, vantano una produzione in costante aumento, un fatturato che supera il milione di euro e un pacchetto clienti sparso in tutta Italia.

Intervista

Chi è Walter Turniano ?

Domanda difficile !!! Chi è Walter Turniamo ? Walter è un uomo di quarantanove anni felicemente convivente con Anna e padre di due bellissime figlie : Camilla di diciotto anni e Renée , la piccolina di quattro. Le mie donne, i miei amori, la mia vita. Mi ritengo un uomo abbastanza fortunato e semplice. Cerco di vivere seguendo dei principi nei quali credo molto: rispetto per la vita, per l'ambiente e per le persone che mi circondano. Mi impegno per trasmettere queste convinzioni anche alle mie figlie e ai miei collaboratori.

Quando e come nasce questa passione per le biciclette ?

La mia passione per le bici nasce da lontano. Già da ragazzo preferivo una sana pedalata ad un calcio al pallone. Ho anche gareggiato a livello giovanile, ma dopo un infortunio dovuto ad un incidente, ho preferito ritirarmi. Tutto è successo all'improvviso e mi sono trovato di fronte ad una scelta difficile, sofferta ,ma inevitabile.

Abbandonare il mondo delle corse non ha però scalfito la passione per questo sport. Ho continuato a livello amatoriale cimentandomi anche in qualche gara , con qualche discreto risultato. Oggi il lavoro porta via la maggior parte del mio tempo, ma quando posso non disdegno una bella pedalata.

Dopo tanti anni sono riuscito a trasformare una passione in una attività imprenditoriale e questo , oltre che motivo di orgoglio , mi riempie il cuore di gioia.

Questo ci porta alla domanda successiva. Quando nasce l'idea di commercializzare biciclette personalizzate?

Finita l'esperienza in Mercedes-Benz durata la bellezza di dodici anni, ho lavorato per un periodo presso un'altra azienda concorrente. Non è stata una parentesi positiva e mi sono ritrovato alla tenera età di trentasette anni a dovermi porre alcune domande. Mi sono chiesto cosa avrei fatto della mia vita. Seguendo istinto , passione e cuore ho aperto e lanciato sul web il sito www.biciclettepersonalizzate.com.

Una mattina inaspettatamente mentre mi preparavo per recarmi a lavoro, controllando le mail, mi sono accorto che ne era arrivata una con una richiesta per acquistare circa dieci biciclette da parte di un hotel della zona del Lago di Garda. Inizialmente pensavo che si trattasse di uno scherzo, orchestrato da qualche amico burlone. Ma poi mi sono reso conto che la richiesta era reale.

Un'idea nata quasi per gioco prendeva vita; avevo ricevuto il mio primo ordine di biciclette personalizzate. Da quel momento ho capito quale sarebbe stato il mio futuro lavorativo. Univo finalmente la mia passione giovanile all'esperienza formativa accumulata negli anni. Mi lanciavo in un mondo fino a quel momento sconosciuto per me: il modo dell'imprenditoria.

Come nasce il marchio pandabike ?

Quando ho lanciato il sito web ovviamente non disponevo degli articoli in vendita ma facevo riferimento a diversi fornitori scelti accuratamente in precedenza. Tra questi vi era un fornitore di Padova: un noto avvocato che importava le biciclette marchiate pandabike dalla Cina. Un giorno mi contatta avvisandomi che l'aumento delle ordinazioni lo distraeva, purtroppo, dal suo lavoro principale e che si vedeva costretto a fermare questa attività. Decisi allora di acquistare il marchio " pandabike" che nel suo insieme rispecchiava la visione di immagine che avrei voluto dare alla mia azione imprenditoriale. Inizia così un percorso di cambiamento culminato con la realizzazione della pandabike targata Italica interamente progettata e prodotta dalla nostra azienda. Consapevole delle grandi capacità dei nostri maestri artigiani, mi metto alla ricerca dei migliori collaboratori e dopo una lunga e complessa selezione trasferisco di fatto tutta la produzione totalmente nelle provincie di Treviso e Padova. Concretizzo cosi un sogno che da sempre mi accompagnava : costruire un prodotto altamente ecologico, utile alla salvaguardia dell'ambiente e interamente realizzato in Veneto.

Lei avvia la Sua attività nel 2008 in piena crisi economica. Le Sue paure?

Fortunatamente, come Le ho detto prima, tutto inizia quasi per caso. In quel periodo stavo comunque lavorando e godevo di una relativa sicurezza. Quindi non posso parlare di paure ma piuttosto di incertezze e di coraggio. Prendere la decisione di lasciare il lavoro per inseguire la propria passione e i propri sogni è stata una scelta difficile: nata da convinzioni profonde e radicate. Una adeguata preparazione progettuale, unita all'esperienza personale sono elementi fondamentali per la riuscita di un progetto.

Cosa intende per adeguata preparazione progettuale ?

Intendo che ogni progetto deve essere studiato con attenzione e perizia. Valutare costi , sostenibilità e fattibilità. Io ho iniziato studiando un metodo di lavoro che si basava sulla "vendita del venduto " . Quindi non comportava grossi rischi d'impresa.

Dai numeri modesti dei primi anni, con molta pazienza e perseveranza, siamo passati a volumi più importanti: arrivando anche a superare il traguardo delle tremila unità vendute complessivamente tra pandabike e personalizzate. Tuttavia conserviamo il nostro modus operandi realizzando un prodotto esclusivamente su ordinazione, modificandolo ed adattandolo alle richieste e alle esigenze del cliente.

Inizio difficile ?

Sono partito consapevole che avrei dovuto procedere passo dopo passo senza grosse pretese, concentrando tutte le mie energie in questo progetto.

L'esperienza in Mercedes-Benz mi ha aiutato molto. Durante quel periodo ho avuto la possibilità di confrontarmi con parecchi imprenditori . I loro consigli e le loro storie personali hanno arricchito il mio baglio di esperienza. Una fonte di conoscenza essenziale, alla quale ancora oggi attingo nei momenti cruciali della mia carriera professionale..

Quali sono le categorie di clienti più interessati al prodotto pandabike ?

Lavoriamo con alberghi, campeggi e strutture recettive varie, i quali mettono a disposizione della clientela i nostri mezzi. Abbiamo realizzato biciclette anche per grandi firme come Duracell, Riso Scotti, Laura Biagiotti, Ugo Boss, Levis, solo per citarne alcune. Il prodotto viene personalizzato ed impegnato in eventi di varia natura. Lavoriamo molto bene anche con birrerie, librerie, negozi, agenzie di vario genere che scelgono di brandizzare la bicicletta per poi esporla in mostre o vetrine.

Inoltre sta crescendo significativamente l'interesse della singola persona o del nucleo famigliare sempre più indirizzati verso una mobilità ecosostenibile. Il mercato è in continua espansione: riceviamo richieste da liberi professionisti, anziani, venditori ambulanti, ecc.. Il nostro cliente può consultarci, scegliere il modello tra quelli in esposizione, oppure richiedere delle modifiche o adattamenti particolari. Successivamente inizia la costruzione del prodotto.

Ogni pandabike viene realizzata esclusivamente su ordinazione e costruita intorno alle necessità del singolo acquirente.

Il vostro mercato di riferimento; nazionale o internazionale?

Attualmente riceviamo ordini da tutto il territorio nazionale. Puglia, Sardegna, Toscana, Lombardia, Sicilia, Riviera Romagnola e molte altre zone d'Italia. Ovviamente il mercato interno Veneto rappresenta una parte importantissima delle nostre vendite. Serviamo alberghi e campeggi di Caorle, Bibione e Jesolo. Inoltre siamo presenti in zona del Garda dove contiamo diversi clienti. Partecipiamo costantemente a fiere molto importanti e di carattere internazionale come : SIA Fiera di Rimini, Expohotel Fiera di Riva del Garda, Fiera dell'Alto Adriatico di Caorle, Promohotel Parenzo in Croazia, ecc.. Da poco abbiamo esposto alla fiera " Go Green Go " svoltasi proprio qui a Treviso. Un evento dedicato alla mobilità sostenibile: <u>nucleo centrale di tutta la nostra azione produttiva</u>. Per quanto riguarda il mercato estero partecipiamo a fiere internazionali molto importanti, anche se non è facile sfondare in alcuni mercati particolarmente selettivi come quelli del nord Europa. Stiamo puntando sul mercato Croato. Uno spazio ancora vergine ma che pensiamo possa, nei prossimi anni, rappresentare un'ottima opportunità di crescita.

Compagno , padre ed imprenditore. Come riesce a coniugare vita privata e vita professionale ?

Da questo punto di vista mi ritengo molto fortunato. La mia compagna Anna lavora qui con noi e si occupa della segreteria e del marketing aziendale. Molte delle mie scelte nascono da una costante condivisione con Anna che considero, oltre che compagna di vita anche partner insostituibile della mia vita professionale. Inoltre da più di due anni si è aggiunto al nostro team mio cugino David Contessotto al quale mi lega un'amicizia profonda che va ben oltre il grado di parentela. David si occupa esclusivamente del modello pandabike e il suo lavoro si concentra nel montaggio, nella manutenzione dei prodotti a noleggio sparsi per l'Italia e della consegna degli stessi.

Quando si gestisce un progetto così importante, spesso non basta chiudere la porta del negozio per potersi rilassare dopo una giornata di duro lavoro. Riesce a scindere la vita professionale da quella privata?

Non è facile specialmente nel mio caso. Non siamo una grande realtà aziendale dove si possono delegare funzioni e compiti. La Nostra è una gestione quasi famigliare. Ci avvaliamo di collaboratori esterni per quanto riguarda la fabbricazione dei telai delle nostre bike. Ma per assemblaggio, gestione ordini e consegne, tutto viene svolto da me David e Anna. Chiusa la porta del negozio e parcheggiato il furgone, iniziano inevitabilmente altre riflessioni che ti accompagnano tra le mura di casa. Fatture da pagare, clienti da contattare, crediti da riscuotere sono solo alcuni dei pensieri più comuni. Essere imprenditore di se stessi significa anche questo. Noi vendiamo mezzi operativi su strada e quindi soggetti a possibili problemi derivanti dalla natura del prodotto stesso. Pertanto è indispensabile fornire al cliente una disponibilità costante e puntuale.

Quanto incide l'appoggio della famiglia nella Sua professione?

Per me l'appoggio famigliare è importantissimo. Come dicevo prima ho la fortuna di lavorare con la mia compagna e nei momenti difficili o nelle decisioni importanti il suo contributo mi è indispensabile. Non posso negare che si affrontino sfide quotidiane che pretendono scelte determinate e risolute. Mi piace condividere con Anna le mie preoccupazioni e ascoltare i suoi consigli. Se decido di fare un passo indietro, Lei mi spinge a farne due in avanti. Anna è la mia forza motrice, il mio lato positivo, la marcia in più che inserisco nei momenti cupi e di difficoltà. Anche mia figlia Camilla, la più grande, mi affianca in alcune attività. Spesso mi accompagna alle fiere espositive e condivide con me le fatiche di ore di presentazione e pubbliche relazioni.

Lei ha fatto una scelta molto coraggiosa in questi tempi di particolare difficoltà. Da poco ha aperto il Suo primo showroom proprio nel Suo quartiere natale : Santa Bona di Treviso. Soddisfatto?

Si! Mi ritengo molto soddisfatto. Abbiamo aperto in un momento estremamente delicato sfidando ogni previsione negativa. Possiamo ritenerci fortunati e pienamente ripagati del nostro azzardo. Abbiamo scelto questa location per essere vicini a casa e quindi non dover utilizzare mezzi propri per recarci nel posto di lavoro. Lo spirito che ci contraddistingue e caratterizza tutta la nostra opera si basa sul rispetto dell'ambiente e sulla promozione di una mobilità ecosostenibile.

Abbiamo vinto anche un bando promosso dal Comune di Treviso per un finanziamento a fondo perduto di nuove iniziative imprenditoriali a carattere ecologico e di basso impatto ambientale.

Penso che ognuno di noi, attraverso piccole scelte personali, possa contribuire alla salvaguardia dell'ambiente, rendendolo migliore e più vivibile per tutti. Cerco di trasmettere questo messaggio anche alle mie figlie e alle tante persone che incontro nella vita quotidiana.

Anna Prepelita

Ci racconta una Sua giornata tipo ?

Guardi non ci sono giornate tipo. I miei impegni si dividono tra incontri con i clienti, consegne dei prodotti, partecipazioni alle fiere, lavoro in ufficio e molte altre attività facili da immaginare. Vivo giornate molto lunghe e dinamiche, a volte anche stancanti e pesanti. Ma affronto gli impegni quotidiani con spirito positivo, perché fortunatamente amo il mio lavoro e le soddisfazioni che spesso mi regala.

Italica realizza interamente i suoi prodotti qui in Veneto. Come sceglie fornitori e collaboratori?

Le nostre scelte dipendono sostanzialmente da fattori che noi riteniamo molto importanti: attenzione, professionalità e rispetto ambientale. Abbiamo deciso di avvalersi di collaboratori e fornitori locali riportando la produzione nel nostro territorio. Crediamo nelle capacità dei nostri Maestri Artigiani, nella loro professionalità e nella cultura del lavoro che da sempre contraddistingue il Popolo Veneto. Manteniamo quindi un controllo costante su produzione e forniture riuscendo ad intervenire tempestivamente ad ogni richiesta del cliente. Ci occupiamo personalmente del ritiro delle merci : cosa che ci permette di non usufruire di imballaggi e altre protezioni sintetiche. Inoltre queste scelte consentono un significativo risparmio in termini di consumi logistici e quindi di conseguenza una sostanziale riduzione dell'impatto ambientale. Tutte le nostre valutazioni imprenditoriali si basano su questo principio che mette sempre al centro l' ambiente e la sua salvaguardia

Modello Classig Dog   Modello Cuore Aid

Modello Smoking Kid 2

Progetti per il futuro ?

Lavoriamo ad un progetto per noi molto importante e che speriamo possa trovare il suo compimento nel più breve tempo possibile. Si tratta di realizzare una cargo bike per il trasporto di disabili, economicamente accessibile a tutti. Oggi utilizzando le carrozzine possiamo accompagnare i nostri cari solo per distanze relativamente brevi senza l'ausilio di mezzi motorizzati. Vogliamo cercare di cambiare questa situazione e permettere, anche a chi è portatore di disabilità di concedersi quell'attimo di spensieratezza che solo una lunga uscita in bicicletta riesce a regalare. Stiamo studiando la possibilità di ampliare le sedute anteriori per permettere il trasporto in sicurezza del disabile. Sarà un percorso lungo e delicato ma che intendiamo perseguire investendo tutte le nostre energie.

Modello trasposto disabili

Il segreto del successo di Walter Turniano?

Guardi non c'è una bacchetta magica o un segreto particolare per raggiungere il successo nella propria professione. Ciò che secondo me conta maggiormente è credere in quello che si vuole realizzare ed amarlo profondamente. Essere al servizio del cliente, interpretarne le esigenze e cercare di accontentarlo il più possibile.

Non ho mai creduto in investimenti pubblicitari onerosi e mirati. Preferisco investire tempo e denaro in forma diretta : sul campo.

Quando lavoravo in Mercedes-Benz ho imparato una massima che ancora conservo nella mia mente : il cliente contento non parlerà mai di te se non con poche persone. Ma il cliente scontento correrà subito a dirlo a tutto il paese. Nulla di più vero. Io amo il mio lavoro, amo il sorriso stampato sul volto di un bimbo quando siede su una delle nostre bike e si immagina alla guida di una moto. Amo l'eccitazione dei nostri amici animali quando vengono trasportati e si godono la brezza del venticello. Amo far parte di un progetto rispettoso dell'ambiente e che può dare il suo contributo nel rendere più vivibile il nostro piccolo mondo. Penso che tutto questo sia la mia forza e ciò che mi spinge a continuare con sempre maggiore energia e fiducia.

Cosa si nasconde nel cassetto dei desideri di Walter Turniano?

Guardi in questo momento mi sento particolarmente fortunato sia sotto il profilo professionale che personale. Ringrazio per questo tutti i miei collaboratori, i nostri affezionati clienti, la mia famiglia e coloro che in questi anni hanno creduto in me e nel nostro progetto. Se proprio dovessi esprimere un desiderio, vorrei poter realizzare il sogno di ampliare la nostra rete di retail. Il primo showroom prende il nome dalla mia città natale: Cargo Bike House Treviso. Mi piacerebbe poter replicare questo format in altre città Italiane. Dar vita ad un franchising fornendo tutto il necessario per l'allestimento dello showroom ma mantenendo sempre la produzione nel nostro territorio. Noi, come dicevo, costruiamo le nostre bike intorno alle esigenze del cliente. Ci capita di ricevere visite da molto lontano per discutere i dettagli della produzione, oppure di dover intraprende lunghi viaggi sempre per lo stesso motivo. Vorrei creare dei punti di incontro dove anche il cliente più lontano può trovare assistenza e supporto durante le scelte preacquisto e postacquisto. Un progetto ambizioso che porterebbe sicuramente vantaggi in termini di vendite al dettaglio ma anche, e soprattutto, in termini di inquinamento ambientale, in quanto abbatterebbe drasticamente gli spostamenti che oggi inevitabilmente siamo costretti ad affrontare.

Quale consiglio sente di poter dare ai giovani che voglio intraprendere una carriera imprenditoriale e professionale come la Sua?

Quello che mi sento di poter consigliare è di apprendere il più possibile. Attingete ad ogni fonte di insegnamento senza fretta di arrivare. Ascoltare, capire, chiedere , partecipare sono elementi essenziali per riempire il nostro bagaglio culturale e professionale. Io ho avuto la fortuna di maturare diverse esperienze nel mondo del lavoro. Passando da mansioni semplici a compiti più impegnativi. Questo mi ha aiutato nei momenti di difficoltà indirizzandomi nelle scelte più importanti. Passione, cuore, amore e coraggio sono le caratteristiche che dobbiamo cercare dentro di noi per affrontare ogni sfida con il sorriso e con la massima fiducia in noi stessi.

Facebook	Panda-bike.com
	www.biciclettepersonalizzate.com
	www.panda-bike.com
E-Mail	Info@panda-bike.com

Raccontare la storia di Angelo è stato entusiasmante. Una vera visione che prende forma e si trasforma in un progetto artigianale unico nel suo genere. Confesso che durante la nostra registrazione avevo il timore di non essere in grado di trasmettere le emozioni e i sentimenti che il racconto di Angelo trasmetteva a me. Descrivere un attimo, un pensiero, un'illuminazione e condiverla, coinvolgendo il lettore, non è sempre facile. Da questa esperienza ho imparato come i sogni possono diventare realtà: grazie alla fiducia in noi stessi, nelle nostre idee, nella nostra esperienza e nelle persone che sono al nostro fianco.

Presentazione azienda MyFace

Myface è una giovane impresa nata nel 2021 dalla passione e dallo spirito creativo che da sempre contraddistingue il carattere del suo fondatore Angelo. Ispirato - da quella che possiamo definire una vera e propria illuminazione - Angelo realizza opere uniche nel loro genere utilizzando come materia prima il legno: materiale accuratamente selezionato che conosce profondamente e che lo accompagna da tutta la vita professionale e personale. Myface si rivolge agli amanti dell'arte, a tutti coloro che vogliono personalizzare oggetti e utensili presenti nella vita quotidiana come: orologi, specchi, portabottiglie e molti atri, progettati e partoriti della creatività di Angelo. Ogni opera viene realizzata ricavando il profilo del committente donando unicità e personalità all'opera stessa. Un progetto ambizioso, singolare ed artistico. Un esempio evidente di come passione, esperienza ed immaginazione si possono unire, realizzare un sogno e dare vita ad una attività imprenditoriale giovane ed audace, figlia di vecchie arti ormai quasi dimenticate: dove mano, sudore ed ingegno plasmano originalità e meraviglia. Oggi Myface lancia la sua proposta sul mercato regionale, nazionale ed internazionale. Un progetto unico al mondo, mai realizzato prima, che ancora una volta trova la culla in quella terra natale di grandi imprese e grandi successi che è il Veneto. Un futuro che si prospetta roseo per l'azienda che mira già a nuove collaborazioni e sempre più studiate offerte da proporre ai propri clienti.

Angelo

Presentazione personale

Angelo funzionario vendite, classe 1972 ideatore e fondatore del marchio Myface e del sito www.myfaceitaly.com.
Padre e compagno di Elisabetta. Angelo fin da ragazzo coltiva la passione per l'oggettistica e per la manifattura. Appassionato di meccanica si distingue per le sue doti pratiche ed artistiche.

Dopo gli studi collabora con le più importanti discoteche e locali di intrattenimento del nord est, sviluppando qualità comunicative e di relazione interpersonale: fondamentali per la sua carriera lavorativa.

Il suo ingresso nel mondo del lavoro gli permette di sviluppare capacità nelle tecniche di vendita diventando un punto di riferimento di molte aziende nel campo del mobile. Un incontro con il mondo del legno che suscita in lui una curiosità inaspettata. Affianca i migliori Maestri Artigiani durante le loro creazioni, apprendendone segreti e maestrie.

Oggi a distanza di più di venti anni folgorato da una illuminazione quasi trascendentale - avvenuta tra le mura di casa - lancia sul mercato la sua visione di Mayface. Un progetto unico nel suo genere che non trova uguali nel mondo.

Angelo forte dell'appoggio incondizionato e professionale di Elisabetta – affermata interior design - spinto da un carattere deciso, estroverso e impavido, ama accettare ogni sfida che la vita gli riserva e presenta con orgoglio la sua idea artigianale rivolta agli amanti dell'unicità e della personalizzazione.

Intervista

Chi è Angelo?

Sono un uomo di quarantanove anni, padre adottivo di uno splendido ragazzo di origini Etiopi di dodici anni e compagno di Elisabetta, madre di due meravigliosi bambini.

Mi considero una persona espansiva ed estroversa. Fortunatamente posso vantare tantissime amicizie importanti e di lunga data con le quali mantengo rapporti costanti, veri e sinceri. Conoscenze coltivate durante la lunga collaborazione con le più importanti discoteche del nord est Italia e non solo. Un'esperienza trentennale che mi ha regalato tantissime emozioni, ricordi ed incontri indimenticabili.

Mi piace confrontarmi con le persone, dialogare ed essere sempre disponibile. Una caratteristica della mia peresonalità che mi ha sempre accompagnato durante il cammino personale e professionale. Ho svolto lavori basati sul contatto diretto con il cliente: partendo dai locali, passando dal supermercato – in qualità di direttore – fino alla mia attuale occupazione come funzionario vendite. Sono una persona creativa e dinamica, mi piacciono la sfide e ne cerco di nuove continuamente. Non amo passare le mie giornate sul divano e cerco sempre di impegnare corpo e mente. Baso la mia vita su principi per me fondamentali che parlano di attività fisica e mentale: <u>vero motore della nostra esistenza.</u>

Quando e come nasce la Sua passione per l'arte del lavorare il legno?

Ho sempre coltivato la passione per tutto ciò che viene costruito manualmente. Chiavi, chiodi, martelli e cacciaviti sono stati, fin da ragazzino, i miei compagni di gioco, invenzioni e creazioni. Nel nostro piccolo gruppo di amici del quartiere ricoprivo il ruolo di "meccanico" di tutti. Biciclette e motorini non avevano segreti per me. Il mio garage, con buona pace dei miei genitori, diventava una vera e propria officina.

Con il passare del tempo mi sono avvicinato al mondo del legno, lavorando a stretto contatto con i maestri falegnami. Sono rimasto affascinato dalle potenzialità di questo splendido materiale naturale. Assistere alla trasformazione, alla lavorazione e vedere nascere oggettistica dalla sua composizione, ha catturato tutta la mia immaginazione e la voglia di cimentarmi in quest' arte millenaria. Adoro il suo profumo e le sensazioni che trasmette: emozioni che parlano di ambiente, di natura, di vita. Ogni parte del legno racconta una storia attraverso le sue essenze: ovvero colore e venature.

Possiamo carpirne età tipologia e provenienza. Ascoltare la sua voce silenziosa che ci racconta del bosco, della terra, dei frutti e di tutto quel mondo che solo anni di vita possono racchiudere in se.

Oggi finalmente trasformo questa passione decennale in un progetto concreto in cui credo molto e nel quale intendo riversare energie e creatività.

Come si raggiunge questa professionalità artistica?

Il legno è un materiale che si impara a lavorare: lavorandolo !! A differenza di ferro e vetro è un materiale caldo e vivo, la sua duttilità permette una manipolazione più morbida ed eterogenea. Sono permessi errori facilmente correggibili, grazie proprio a queste sue caratteristiche. Per raggiungere un discreto livello di professionalità non si può esimersi da un percorso lungo e faticoso di apprendimento. Trascorrere del tempo assieme ad artigiani e maestri del settore risulta imprescindibile per chiunque voglia intraprendere questa professione. Segreti, consigli e capacità solo da mani sapienti, rochi borbottii e anni di fatica, possono essere trasmessi. Ovviamente non può mancare un amore profondo per il legno e la passione incondizionata per quello che facciamo. Quando prende forma un'opera, di qualsiasi natura essa sia, l'emozione non ha uguali. Immaginare, creare, formare, plasmare, dare vita a qualcosa di diverso da ciò che era, sono sensazioni per me impareggiabili che mi riempiono di soddisfazione, orgoglio e gioia.

www.myfaceitaly.com

Opere: Profilo del Volto con orologio

Come nasce l'idea di dare un volto alle Sue opere?

L'idea nasce proprio qui: in questa sala da pranzo dove stiamo registrando la nostra conversazione.

Era un giorno normale come tanti altri e stavo pranzando assieme alla mia compagna Elisabetta. Una bella giornata soleggiata, la leggera brezza che filtrava dalle porte semi aperte che si affacciano sul nostro giardino. Il calore del sole ci scaldava delicato, ed eravamo intenti nelle nostre consuete chiacchierate. Non ricordo per quale strano motivo, ma improvvisamente muovendo lo sguardo verso il divano mi accorsi che l'ombra del mio profilo veniva proiettata su di un piccolo cuscino appoggiato allo schienale del mobile. Era come se fosse fotografato ed impresso sul cuscino stesso: conservo ancora la foto che testimonia quel momento.

Un raggio di sole, che come un lungo braccio lucente ed una mano invisibile, disegnava quello che sarebbe diventato un progetto artistico ed originale: unico al mondo.

Vedere quella immagine fu come ricevere una illuminazione, un pensiero istintivo ed immediato: sapevo cosa avrei creato; sapevo come lo avrei realizzato; ed immaginavo ogni opera già fatta e compiuta.

Mi rivolsi ad Elisabetta chiedendole di immaginare i nostri due profili impressi assieme e cosa ne pensasse dell'idea di "scolpire" e modellare i profili delle persone nel legno, ricavandone oggettistica di utilità comune, ma personalizzati attraverso l'unicità "dell'impronta" del loro viso. La mia compagna, da interior desing di professione, e sicuramente persuasa dal mio entusiasmo, accettò subito la sfida che le stavo proponendo: appoggiandomi fin dal principio e contribuendo con la sua consueta energia alla messa in opera della nostra "visione".

Ci attivammo e dopo le dovute ricerche – che confermavano la singolarità del progetto a livello mondiale - depositammo il marchio Myface con annessa produzione di complementi ed oggetti ricavati dal profilo della persona stessa. Così nasce l'idea, il brand Myface e il sito web www.myfaceitaly.com.

Illuminazione

L'immagine immortalata in una fotografia di Angelo nel momento in cui nasce l'idea Myface.

Cosa realizza Myface?

Realizziamo prodotti artigianali in legno e prossimamente anche in altri materiali sempre a carattere naturale. Attualmente stiamo creando oggettistica che comprende orologi, profili senza orologi che fanno gruppo famiglia portabottiglie e ultimamente anche degli specchi a muro. Il tutto sempre ricavato dal profilo personale del committente che invia al nostro sito la sua foto dalla quale ricaviamo i tratti distintivi del viso mantenendo di fatto l'unicità del prodotto.

Cosa prova quando realizza la Sua arte e prende forma il profilo del Suo committente?

Pura emozione !!! Dal momento che ricevo l'immagine del committente fino alla consegna finale è un susseguirsi di emozioni e sensazioni.

Tutto nasce da un semplice pannello di legno di forma quadrata. Lo studio del profilo ricevuto, la visione del progetto, l'intaglio e la realizzazione, sono parte di un procedimento che mi coinvolge integralmente.

Durante la lavorazione del legno inizia il mio viaggio attraverso profumi ed odori che mi portano tra i boschi e la natura. Le essenze di Rovere, Larice, Noce e molti altri, avvolgono lo studio trasportandomi tra sentieri e foreste. A volte mi capita di consegnare personalmente l'opera finita nelle mani del cliente. La gioia nel vedere lo stupore del committente che si riconosce nell'oggetto non ha uguali. Il pensiero di aver saputo creare una singolarità unica nel suo genere ed irripetibile e la consapevolezza che accompagnerà il cliente per tutta la vita, mi riempie il cuore di orgoglio e soddisfazione.

Quali sono le difficoltà maggiori che si incontrano nel lanciare sul mercato una nuova proposta come la Vostra?

Sicuramente raggiungere le persone e suscitare il loro interesse è la parte più dura e difficile durante il lancio di un nuovo prodotto.

Io provengo dalla "vecchia" scuola del rappresentante, dove l'importanza del contatto umano e della promozione in loco rappresentavano l'essenza della vendita stessa. Ancora oggi prediligo questo aspetto del marketing piuttosto che altre interazioni. Porto sempre con me un campione delle mie opere così da poterlo mostrare, se necessario, a chiunque lo trovi interessante. Nella mia professione mi trovo spesso a contatto diretto con i possibili acquirenti e non manco di assicurargli una costante presenza. Ricordo con ironia e divertimento quando passai per ben 20 volte da un possibile cliente da acquisire, al semplice scopo di vendere circa venti centesimi di materiale. Ci riuscii: forse per sfinimento dello stesso cliente. Oggi questa azienda a distanza di dieci anni è diventata uno dei miei migliori partner commerciali. Tuttavia non si possono escludere le moderne tecniche di comunicazione e divulgazione digitale che permettono di raggiungere distanze altrimenti inarrivabili. Molte delle nostre opere vengono ordinate sul sito internet e successivamente spedite a destinazione.

Come si superano i momenti più difficili?

Amare quello che si fa, credere nelle nostre possibilità e seguire le proprie convinzioni. Credo che il segreto per superare le difficoltà di un mercato sempre più complesso risieda dentro di noi, nel modo in cui ci poniamo e nel nostro istinto imprenditoriale. Sono una persona che guarda costantemente al futuro e che non ama fermarsi al primo ostacolo. Ogni muro incontrato durante la mia vita personale e professionale sono riuscito a scalarlo, fermandomi solo quando ritenevo di essere arrivato. Ovviamente esistono situazioni che vanno oltre le nostre capacità: <u>dobbiamo essere in grado di riconoscerle e, se il caso lo richiede, abbandonarle e crearne di nuove.</u>

Perché scegliere di possedere una Vostra opera ?

Senza ombra di dubbio per la sua <u>unicità e personalizzazione</u>. Non esistono in questo momento altre realtà simili nel mondo che usano la nostra stessa tecnica di creazione. Possedere un manufatto Myface significa portare in casa un dettaglio di noi stessi singolare ed irripetibile. Ogni nostra opera rappresenta il committente stesso la sua singolarità e ciò che lo differenzia dalle altre persone. Abbiamo studiato una serie di oggettistica che permette anche un uso "domestico" e di design-arredo interno. Penso che l'artigianalità unita al valore del <u>Made in Italy</u> e del <u>Made in Veneto</u> possano contribuire al diffondersi del nostro brand Myface.

Osservando le Sue opere si nota che restano completamente naturali senza alcun accessorio di complemento. Perchè questa scelta?

La nostra è stata una scelta consapevole e voluta. Ritengo che Myface si possa differenziare da altri concorrenti proprio per la sua peculiarità nella realizzazione e nello stile da noi scelto.

Il profilo è un tratto distintivo di noi stessi, la nostra impronta digitale del viso. Ogni opera ha una sua identità precisa, unica e irripetibile.

Riceviamo molte richieste per realizzare profili di personaggi famosi e conosciuti, ma non accettiamo, perchè non vogliamo cadere nel girone del puro commercio economico e di massa.

I nostri orologi non presentano indicazioni numeriche. Vogliamo comunque dare un senso, anche pratico e di utilità alle opere, ma non la sola finalità domestica.

L'oggettistica Myface racconta una storia, un momento particolare della nostra vita. Racconta noi stessi, i nostri cari e fotografa istanti e sentimenti. Non utilizziamo colori o coperture che possano nascondere le essenze del legno, le sue caratteristiche, i profumi e le sensazioni tattili che trasmette.

Stiamo concentrando le nostre energie nello studio e nella progettazione di creazioni per l'intera famiglia ad uso puramente estetico senza alcuna finalità secondaria che possano sostituire i più classici dipinti, decorando i nostri spazi rendendoli unici e personali.

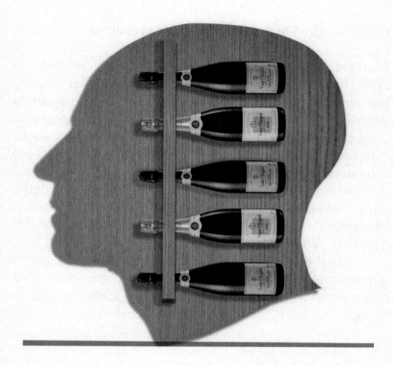

Espositore Bottiglie

Come sceglie i materiali per le Sue creazioni ?

Diciamo che il processo decisionale è sempre in evoluzione e si basa anche sulle richieste del cliente. Inizialmente le scelte maturate sono frutto di una accurata ricerca e dello studio di materiali già utilizzati in questo campo.Mi sono recato in diversi luoghi, anche commerciali, per capire l'uso corretto e le tipologie più comuni di legno adatte al mio scopo.

Attualmente uso essenze di Rovere, Noce Canaletto, Larice e altre, che mi soddisfano pienamente. Stiamo pensando di allargare la nostra proposta utilizzando altri materiali, sempre di provenienza naturale.

Elisabetta in questo processo svolge un ruolo importantissimo ed essenziale. La sua professionalità come interior design guida le nostre scelte indicando tipologia di legno, tonalità e il giusto accostamento.

L'artigianalità Italiana, e Veneta, affascina e viene apprezzata in tutto il mondo. In poche settimane di attività avete già ricevuto manifestazioni di interesse e ordinazioni a livello internazionale. Da dove provengono le più interessanti?

Indubbiamente il Made in Italy – nel nostro caso Made in Veneto - è uno dei brand più conosciuti, ricercati ed apprezzati nel mondo. In questo momento riceviamo più manifestazioni di interesse da oltre confine che in Patria. Questo lo si deve certamente al fatto che all'estero la nostra artigianalità sia particolarmente ambita, mentre forse un pò scontata nel nostro Paese. Abbiamo spedito in Canada, dove la presenza di nostri connazionali e cittadini canadesi di origine italiana è particolarmente nutrita. Molte persone legate da parentele lontane e di sangue italico premono per ricevere un pezzetto di Italia e della nostra manifattura. Vendiamo in Germania, Francia e anche qualcosa in est Europa al momento in Bulgaria. Le persone interessate caricano la loro foto del profilo sul nostro sito, l'immagine viene elaborata e successivamente, a lavoro terminato, il manufatto viene spedito a destinazione richiesta.

Marito, padre, funzionario vendite e oggi imprenditore di se stesso. Come riesce a coniugare gli impegni famigliari e professionali? E quanto è importante l'appoggio della famiglia?

Svolgo un lavoro che mi porta spesso lontano da casa e che occupa gran parte della mia giornata. Anche Elisabetta è molto impegnata con la sua professione e quel poco tempo libero che ci rimane lo dedichiamo alla vita dei nostri figli, ai loro spazi e alle attività che svolgono. Una vita diciamo normale la nostra: frenetica, impegnata e felice. Abbiamo costruito il progetto Myface completamente da soli: iniziando con il sito di presentazione fino alle opere complete.

Ricordo le notti insonne passate con Elisabetta seduti al tavolo cercando di costruire la nostra immagine. Momenti intensi, discussioni infinite, confronti accesi, liti sfiorate. Un dualismo, il nostro, che ci completa, ci unisce e ci permette di crescere nello spirito e nella mente. Elisabetta più armonica, più sensibile, più concentrata nei colori, negli abbinamenti, nella parte puramente estetica del nostro progetto. Io avvolto in pensieri più commerciali e pratici.

Non avrei potuto costruire Myface da solo. Devo ad ogni componente della mia famiglia gratitudine e ringraziamento per l'aiuto ricevuto, la pazienza sopportata e per essere l'essenza della mia vita.

Angelo e Elisabetta

Progetti per il futuro?

Vogliamo concentrare le nostre energie sulla crescita di Myface, non solo sulla parte commerciale ed economica, ma soprattutto sulla personalità ed unicità del marchio. Spingeremo per far conoscere e divulgare il nostro lavoro diventando brand e stile riconosciuto. Stiamo valutando alcune proposte di collaborazione con importanti realtà territoriali. Il nostro cammino è appena iniziato ma siamo fiduciosi e spinti da ottimismo e rosee aspettative.

Che consiglio sente di poter dare ai giovani che vogliono affrontare una sfida come quella da Lei intrapresa?

Le difficoltà servono per crescere personalmente e professionalmente. Per mantenere viva e attiva la nostra mente abbiamo bisogno di sfide quotidiane che ci mettano alla prova e che ci regalino emozioni ed autostima nel momento in cui le superiamo. Ai nostri giovani dico: accettatele!!! Non arretrate davanti agli ostacoli che inevitabilmente la vita riserva.
Affrontateli credendo in voi stessi e nelle persone che vi sono vicine. Inseguite i vostri sogni, seguite passione e cuore, amate quello che fate e la vostra strada verso il successo sarà sicuramente in discesa.

Facebook   Myface; Myfaceitaly
Istagram   myfaceitaly
E-Mail   myfaceitaly@gmail.com
                www.myfaceitaly.com

Ho conosciuto Stivens Mazzuia durante l'estate del 2021. Ho avuto l'onore di condividere insieme un periodo lavorativo. Fin da subito ho capito la persona straordinaria che avevo di fronte a me. Condividere la sua storia personale è stato emozionante. Un insegnamento che parla di passione e vero amore per il proprio lavoro. Professionalità di altissimo livello che Stivens trasmette alle nuove generazioni con impegno e dedizione. Commuoventi le sue parole e i suoi occhi lucidi, mentre racconta l'esperienza dell'insegnamento e il rapporto con i suoi studenti. Una figura di alto profilo, esempio per chiunque voglia avvicinarsi al mondo dell'enograstronomia e del servizio di sala.

Presentazione

Stivens Mazzuia classe 1969 stimato maìtre, sommelier, direttore di sala, intagliatore di vegetali e professionista nel settore dell'enogastronomia. Medaglia di bronzo nei campionati Italiani di cucina artistica del 2020 a Rimini. Esperto riconosciuto a livello nazionale ed internazionale nel campo dell'hotellerie e sommelerie. Consulente aziendale per la riorganizzazione di hotel, ristoranti e attività di pubblico esercizio. Docente formatore presso l'istituto Lepido Rocco di Pramaggiore, con specializzazione in servizio di sala e bar. Membro dell'associazione nazionale FISAR (Federazione Italiana Sommelier Albergatori e Ristoratori) che si occupa della formazione di sommelier professionisti e della promozione territoriale dei prodotti vinicoli.

Vice Presidente Nazionale dell'associazione NOI (Nuova Ospitalità Italiana) composta principalmente da professionisti dell'accoglienza (sala, bar, reception, ecc.). Il sodalizio nasce con lo scopo di avvicinare il mondo dei giovani attraverso il contatto con le realtà didattiche al fine di portare professionalità ed esperienza e trasmetterle alle nuove generazioni. Ad oggi l'associazione, oltre che in Italia, conta sedi in Germania, Svizzera e Miami. Attualmente, in procinto di ottenere il riconoscimento come Assaggiatore Ufficiale dalla prestigiosa associazione internazionale ONAV (Organizzazione Nazionale Assaggiatori Vino), per la quale Stivens Mazzuia ha ricoperto il ruolo di consigliere del direttivo presso la sede di Venezia, occupandosi della gestione dei corsi formativi e della promozione via Web. Le attività dell'associazione si concentrano prevalentemente nella promozione dei vini locali e nell'analisi tecnica del prodotto. Un attestato, quello di Assaggiatore Ufficiale, che permette l'iscrizione all'albo nazionale degli assaggiatori con la possibilità e la capacità di presentare il prodotto, descriverne la composizione organolettica, le caratteristiche peculiari e le sensazioni che deliziano il palato.

L' ingresso di Stivens nel mondo del lavoro inizia da molto lontano: quando appena ragazzo passa le sue estati lavorando stagionalmente presso alcuni hotel di Jesolo: città turistica in provincia di Venezia.

Presto la sua passione cresce, gli studi lo portano ad acquisire capacità e competenze per entrare nel mondo reale della ristorazione e del servizio accoglienza.

Alla fine del percorso scolastico e dopo il servizio militare, Stivens lascia l'Italia ed inizia il suo cammino professionale all'estero, lavorando in Inghilterra e Germania. Una lunga gavetta che lo vede collaborare con ristoranti di alto livello accrescendo esperienza sul campo e migliorando competenze linguistiche.

Nel 2010 fonda l'azienda Easy Food Service leader nel servizio self Service e catering. L'attività conta più di trecento posti a sedere e seicento pasti al giorno consegnati a domicilio e un fatturato di livello.

Dal 2013 al 2018 gestisce il reparto ristorazione del Villaggio Turistico Adriatico quattro stelle di Jesolo.

Nel 2015 presta servizio come professionista formativo all'Istituto "Lepido Rocco" con sede a Caorle. Successivamente entra a far parte del corpo docente con ruolo fisso presso la sede di Pramaggiore in provincia di Venezia nel ramo turistico alberghiero.

Una carriera lunga più di trent'anni segnata da tanta passione, impegno e umiltà. Valori che si rispecchiano pienamente nel motto che da sempre contraddistingue le azioni di Stivens: <u>basso profilo, altissime prestazioni.</u>
Un bagaglio culturale e professionale che Stivens cerca di trasmettere ai suoi studenti quotidianamente e che oggi noi di <u>www.etichettaveneta.com</u> condividiamo con i nostri lettori.

Creazioni cucina artisctica stile Thailandese

Intervista

Chi è Stivens Mazzuia?

Sono un uomo di cinquantadue anni sposato con Barbara –
anche lei impegnata nel settore della ristorazione - e padre
di due splendidi figli: Jacopo di diciotto anni che studia
informatica robotica presso un istituto di San Donà di
Piave e Emma che frequenta la terza media e che intende
proseguire i suoi studi iscrivendosi al liceo scientifico.
Mi ritengo un uomo abbastanza fortunato e molto felice
dal punto di vista famigliare e professionale. La famiglia
significa tutto per me e mi trasmette l'energia e la forza
nelle situazioni più difficili che la vita riserva nel suo
lungo percorso.
Caratterialmente mi considero una persona molto
riflessiva, anche se questo mio aspetto – oggi molto
importante- si è formato col passare del tempo. In giovane
età prevaleva il   lato più sanguineo e nevrile, ma
l'esperienza e il passare del tempo hanno mitigato questo
lato del mio essere, insegnandomi pacatezza, riflessione e
pazienza. Qualità che mi sono servite in ambito lavorativo
e che oggi cerco di trasmettere ai miei figli, ai miei
studenti e ai miei collaboratori.

Quando inizia la Sua passione per la ristorazione e l'enogastronomia?

La passione nasce e si sviluppa durante il periodo scolastico. Non sono mai stato portato per lavori manuali che potessero indirizzarmi verso studi tecnici. Quindi scelsi di iscrivermi ad un istituto alberghiero e concentrare le mie energie in questo settore. E' stato un colpo di fulmine. L'attrazione aumentava ad ogni anno di studio.

A quel tempo non era prevista la possibilità di diversificare i rami di stidio, io scelsi subito di occuparmi del servizio di sala. Sentivo che ero portato per questo ruolo come se fossi nato per svolgere questa mansione.

Durante gli anni di studio passavo le mie estati lavorando negli alberghi del litorale Jesolano. Anno dopo anno e servizio dopo servizio cresceva dentro di me una passione sempre più forte che mi spingeva a migliorarmi costantemente.

Dopo il diploma ho continuato con altre specializzazioni, conseguendo la qualifica di sommelier: indispensabile per svolgere un ottimo servizio di sala.

Ad oggi questa passione per l'enogastronomia e l'enologia non tende ad affievolirsi e ancora mi coinvolge con lo stesso entusiasmo di quando è nata.

Mi piace ricordare un carissimo amico Umberto Scomparin, oggi non più tra noi, con il quale ho condiviso momenti di lavoro e di vita privata indelebili nel mio cuore. Umberto ha saputo trasmettermi la vera passione per il vino, la sua importanza e il ruolo fondamentale che questa "bevanda degli Dei" ricopre nel mondo della ristorazione.

Quale percorso di studio ha affrontato per arrivare ad acquisire questa professionalità?

Come dicevo mi sono diplomato all'istituto alberghiero Elena Cornaro di Jesolo, con indirizzo sala-bar . Un percorso che mi ha appassionato fin da subito.

Successivamente ho frequentato diversi corsi di preparazione professionale sempre incentrati al miglioramento delle mie competenze. Ho conseguito la qualifica di sommelier, ho frequentato un Master sul Weddings planner: un corso di preparazione per il servizio catering e la gestione di grandi eventi.

Mi sono appassionato alle tecniche di intaglio della frutta e dei vegetali seguendo corsi indirizzati al perfezionamento in questa disciplina. Nel 2020 ho conquistato la medaglia di bronzo ai campionati Italiani di Rimini.

Ad oggi sono impegnato in uno studio approfondito per conseguire la qualifica internazionale di Assaggiatore Ufficiale di vino presso l'associazione di cui faccio parte: la ONAV (Organizzazione Nazionale Assaggiatori Vino) che si occupa prevalentemente della parte tecnica ed organolettica del vino. Differentemente dal lavoro dell'enologo, l'assaggiatore studia l'evoluzione del prodotto, ne racconta la storia, la provenienza e attraverso una analisi puntuale e minuziosa descrive le sensazioni che trasmette. Accompagna, di fatto, il consumatore in un viaggio attraverso la vita del prodotto e le sue peculiari caratteristiche.

Come vede il mio percorso di studio non si è mai fermato, ed oggi, a distanza di quasi trent'anni, continua incessante. Sono convinto che, come in ogni professione che richiede particolari competenze, sia necessario ed indispensabile un continuo aggiornamento per restare al passo con le nuove tecniche e i nuovi prodotti che il mercato ci offre.

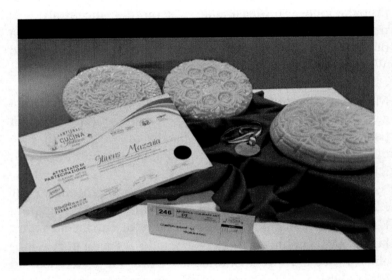

Medaglia di Bronzo individuale Campionati Italiani di   Rimini 2020. Primi Classificati come Regione Vento

Ricorda le Sue prime esperienze nel mondo del lavoro?

Le prime esperienze risalgono al periodo della scuola. Passavo l'estate lavorando negli hotel del litorale Jesolano. In quel periodo non esistevano tante tecnologie in aiuto dei lavoratori di sala. Tutto era scritto a mano e veniva gestito direttamente dagli operatori.

Ricordo una delle prime esperienze. Lavoravo assieme ad un carissimo amico Fabio Teso – oggi direttore di una importante catena aziendale di distribuzione catering alimentare di Jesolo- in una struttura ricettiva. Eravamo solo in due e riuscivamo a gestire una sala con più di cento coperti. Ho imparato ad organizzarmi, a curare il cliente che consideravo il mio vero alleato: ogni sua soddisfazione era il premio per i miei affanni. Esperienze forti per ragazzi giovani e alle prime armi come eravamo noi. Le ore di lavoro erano interminabili ma le fatiche e il sudore ci spingevano a migliorarci sempre di più. Avevamo fame: fame di imparare, di apprendere, di guadagnare i nostri primi stipendi e forti della nostra giovane età, quasi felici nell'affrontare sfide sempre più impegnative. Sono sicuramente fasi della vita che contribuiscono alla crescita professionale e caratteriale e che restano scolpite nei nostri ricordi.

Dopo il diploma e il servizio militare decido di partire e recarmi all'estero dove trovo impiego presso ristoranti particolarmente quotati: come il ristorante "La Spiga" a Londra, allora diretto dallo Chef Giorgio Locatelli. Il periodo inglese e successivamente quello tedesco sono stati molto importanti. Ho potuto migliorare la conoscenza delle lingue straniere ed accrescere la mia esperienza personale. Oggi una conoscenza approfondita delle lingue straniere è fondamentale per i nostri giovani che cercano di inserirsi nel mondo del lavoro. Le strutture alberghiere Venete ospitano una clientela internazionale sovente proveniente dal nord Europa prevalentemente da Austria e Germania. Quindi risulta fondamentale una minima conoscenza della lingua tedesca che permette una presentazione più professionale e punti a nostro favore nell'ottica di una trattativa economica. Queste prime esperienze mi sono servite come bagaglio professionale e culturale, mi hanno permesso un inserimento consapevole nel ramo imprenditoriale della ristorazione e dell'accoglienza, segnando i successivi anni lavorativi.

Quali sono le difficoltà che si affrontano in questa professione?

Come in ogni altra professione anche la nostra si trova ad affrontare alcune situazioni di difficoltà. Nel nostro mestiere spesso la gestione del cliente rappresenta una parte molto ardua da sostenere. Gestire una sala richiede un'attenzione particolare e la concentra "di punta" deve essere ai massimi livelli.

Come consulente aziendale mi trovo spesso ad affrontare situazioni particolari.

Viviamo tempi particolarmente difficili e spesso i titolari di ristoranti o strutture recettive tendono ad non investire capitali in formazione dei dipendenti. Penso che la preparazione e la professionalità siano la chiave per affrontare un futuro sempre più incerto ed esigente.

Per quanto riguarda la mia personale esperienza, sia come imprenditore, sia come direttore di sala, le paure e le difficoltà sono sempre le stesse. Paura di sbagliare; paura di non essere all'altezza delle aspettative; difficoltà gestionali e di rapporti umani; scelta dei prodotti; studio continuo su normative igienico sanitarie, ecc. Ma grazie ad un carattere combattivo ho sempre cercato di abbracciare i problemi che man mano si palesavano davanti a me.

Da imprenditore ho investito molto sulla formazione del personale. Solo con la consapevolezza delle proprie capacità e con una preparazione adeguata si possono affrontare i problemi che viviamo quotidianamente nella nostra professione. Un messaggio importante che cerco di trasmettere anche ai miei figli e ai miei studenti.

Ricorda l'esperienza più significativa della Sua carriera?

Ci sono state molte esperienze significative nella mia vita professionale, sia come dipendente che come libero professionista. Devo ad ognuna di loro tutte le competenze che oggi mi permettono di affrontare le sfide future con sicurezza e determinazione. Ma ciò che amo di più è l'insegnamento e la formazione. Un' avventura iniziata nel 2015 e che prosegue oggi con l'entusiasmo di allora. Mi alzo al mattino contento e felice, pensando alla giornata che dovrò affrontare con i miei studenti. Questa esperienza mi sta regalando tantissime soddisfazioni sia da parte dei ragazzi ma soprattutto dalle loro famiglie. C'è una frase che si ripete costantemente, detta dai genitori dei nostri allievi che mi riempie il cuore di gioia: "il mio ragazzo è entrato bambino e oggi esce uomo". Vede, ricevere un complimento del genere da un genitore non ha prezzo e mi ripaga per ogni fatica affrontata.

Cosa Le ha insegnato?

Mi ha insegnato e continua ad insegnarmi tantissimo. Il contatto con i ragazzi con le loro intuizioni e le loro idee mi trasmette quotidianamente un messaggio forte e preciso: nella vita non si finisce mai di imparare. Mi confronto con i miei studenti apertamente e li lascio liberi di esprimersi senza paura di sbagliare. Molte volte mi fermo a riflettere sulle loro parole, sui loro pensieri e anche sulle idee più stravaganti. Li raffronto con le mie esperienze professionali e mi rendo conto che unendo passato e presente spesso ne nasce qualcosa di molto interessante ed unico.

Stivens Mazzuia con i suoi studenti

Come sceglie i prodotti che propone ai Suoi clienti quando opera come consulente aziendale?

La scelta dei prodotti si basa su una serie di valutazioni ben precise. Nel mio lavoro di consulente aziendale mi trovo spesso a dover studiare e consigliare l'uso di determinati prodotti alimentari e vinicoli. Inizialmente è fondamentale capire a chi rivolgiamo la nostra offerta, ovvero il target di clientela che vogliamo raggiungere e il "send massage" che il nostro ambiente vuole inviare. Possiamo adeguare le proposte basandoci su dati precisi e studiati in precedenza, mantenendo comunque sempre un'attenzione particolare sulla qualità del prodotto: sia per la fascia alta che per quelle medio-alta e medio-bassa. Il nostro territorio nazionale offre una vasta quantità di prodotti alimentari.

L'Italia grazie alla sua posizione geografica e ai microclimi territoriali vanta una biodiversità enogastronomica che non ha uguali al mondo. La nostra regione con i suoi prodotti vinicoli, caseari, dolciari, ecc. che vanno dalle dolomiti, passando per le colline, fino alle immense pianure, rappresenta un esempio molto chiaro.

Attualmente sto studiando la realizzazione di una carta vini interamente composta da prodotti Veneti. Esistono realtà meno conosciute, ma che producono referenze di ottima qualità. La maggior parte del loro venduto viene esportato verso mercati esteri. <u>Sarebbe importante incrementare il nostro mercato interno Veneto, sostenendo e proponendo queste eccellenze che rispondono perfettamente alle richieste di un mercato in continua espansione e sempre più esigente.</u>

Il Suo lavoro La porta a visitare le migliori cantine del nostro territorio. Qual è il segreto per realizzare un buon prodotto vitivinicolo?

Ogni Cantina costudisce segretamente le caratteristiche organolettiche del proprio prodotto. Fondamentale per tutti è sicuramente la cura che viene dedicata al percorso vitale della vigna. Comunemente si potrebbe pensare che il climax del lavoro del produttore di vini si concentri sulla parte finale del ciclo produttivo: ovvero vendemmia, pigiatura fermentazione, ecc. Ma si deve considerare l'intero ciclo della vite. Questo arco temporale si estende per tutto l'anno e coinvolge tantissime persone che seguono passo dopo passo lo sviluppo della pianta. La nutrono, la curano, la crescono e la accudiscono per portarla alla forma sperata e di conseguenza alla resa migliore. Non dobbiamo dimenticare comunque il lavoro svolto dai Maestri enologi che attraverso le loro tecniche e i loro accorgimenti plasmano il vino donandogli corpo, struttura, carattere e sapori. In fine il processo di affinamento del vino, il luogo di conservazione e il materiale che viene scelto contribuiscono alla creazione finale di questa meravigliosa bevanda.

Come si riconosce un prodotto di ottima qualità?

Tutto ciò che vogliamo conoscere di un ottimo vino lo possiamo trovare sulla sua etichetta: la carta di identità di ogni prodotto vinicolo. Nome della vite, origine, terreno, metodo di produzione, luogo di produzione, produttore, ecc. sono elementi essenziali che devono essere presenti in etichetta. Certo un minimo di conoscenza e di ricerca può aiutare per una valutazione più completa di ciò che stiamo acquistando. Poi ovviamente il vero giudice di ogni vino resta sempre il nostro palato.

Maître, sommelier, consulente aziendale, imprenditore e oggi anche insegnante. Ci ha accennato prima del Suo impegno come formatore. Ci racconta questa nuova esperienza?

Come dicevo prima quella che sto vivendo, ormai dal 2015, la posso considerare l'esperienza più bella della mia vita. Adoro formare i giovani studenti. Mi si è aperto un mondo nuovo. Un mondo sconosciuto prima, ma che mi ha catturato immediatamente. Sono stato rapito dal suo fascino e dalle emozioni che mi regala quotidianamente. Considero il fare formazione come una missione che mi coinvolge completamente. Credo fortemente nel lavoro e nelle responsabilità che comporta. Sento il peso della fiducia che le famiglie dei ragazzi ripongono in noi insegnati, e che gli stessi studenti ci trasmettono. Un onere che mi assumo con la massima serenità e che mi stimola ad impegnarmi sempre di più. Il pensiero di poter incidere sul futuro delle loro vite e la soddisfazione nel sapere che molti di loro ce la fanno, non ha prezzo.

Nel parlare del Suo lavoro di insegnante, non si può non notare una certa commozione. Che rapporto ha con i suoi studenti?

Ho un rapporto meraviglioso basato su tre semplici concetti che, ad ogni inizio anno, mi piace ricordare: rispetto, passione e umiltà. A loro devo la mia crescita caratteriale. La formazione e il rapporto con i giovani ci plasma nel profondo. Si deve comprendere la capacità di alternare fermezza e distensione per creare un equilibrio essenziale in un rapporto di fiducia e rispetto reciproco.

Eleganza e servizio

Perchè ha aderito al nostro progetto di
www.etichettaveneta.com?

Trovo il vostro progetto molto interessante. Raccontare il
prodotto attraverso le storie personali e professionali di
chi, il prodotto lo ha realizzato, mi sembra un'idea molto
innovativa. Questo insolito modo di raccontare le nostre
eccellenze può trasmettere messaggi e consigli per le
nuove generazioni. Ed è un pò ciò che si realizza
nell'insegnamento. Come anni fa mi successe con la
scuola: anche oggi con www.etichettaveneta.com sento
una spinta attrattiva verso questa nuova sfida. Una sfida
che accetto con piacere e per la quale intendo riservare un
contributo particolare.

Progetti per il futuro?

Sicuramente la formazione e l'insegnamento. Tra poco tempo il nostro istituto "Lepido Rocco" aprirà una nuova sede nella città di Portogruaro. Servirà l'impegno di tutti: corpo docente e settore amministrativo. Intendo concentrarmi, assieme ai miei colleghi, su questa nuova sfida per poter rispondere al meglio alle richieste dei nuovi studenti. Vorrei dedicare del tempo anche allo studio e alla creazione di corsi in presenza per quanto riguarda il servizio di sala e l'avvicinamento alla conoscenza del vino.

Dopo la mia partecipazione alla trasmissione televisiva "I soliti ignoti", come intagliatore di prodotti vegetali, ho deciso di realizzare anche dei video di presentazione dei prodotti vinicoli e di altre attività legate al mondo dell'enogastronomia, per contribuire alla divulgazione e alla conoscenza delle nostre realtà territoriali.

Infine vorrei terminare gli studi per conseguire l'attestato di assaggiatore internazionale ONAV approfondendo conoscenze e competenze nella parte puramente tecnica e sensoriale del vino.

Quali consigli sente di dare ai giovani che vogliono intraprendere una carriera professionale come la Sua?

Ai nostri giovani posso solo consigliare di seguire il loro istinto, il loro cuore e le loro passioni. Il nostro è un lavoro molto importante ed impegnativo. Necessita di studi approfonditi, continui e costanti. Una conoscenza dettagliata del prodotto, unita ad una adeguata presentazione, rappresentano il biglietto da visita, nostro, e del locale per cui prestiamo servizio. Frequentare un istituto alberghiero non significa solo cucinare o servire. Le competenze didattiche, storiche, culturali e linguistiche sono altrettanto indispensabili per emergere in questa professione.

Il servizio del cameriere (che io preferisco chiamare "consulente di sala") non si limita al solo portare i piatti. Ma rappresenta il contatto diretto con il cliente, la parte comunicativa e logistica di tutto il processo di accoglienza.

Non abbattetevi di fronte alla fatica e ai problemi che certamente affronterete nella vostra carriera. Abbracciateli e rispettate il vostro lavoro. Fatene la vostra ragione d'essere e vi accorgerete che quello che oggi chiamate lavoro, domani chiamerete vita.

facebook	Stivens Mazzuia Stivens
Istagram	not_ordinarymaitre
E-mail	s.mazzuia69@gmail.com

Consorzio Treviso Siamo Noi

Conosco Mauro Carraro da moltissimi anni. Siano nati e cresciuti nello stesso quartiere: Via A. Ronchese Santa Bona di Treviso. Abbiamo percorso la stessa strada nel mondo dell'associazionismo rivolto al sociale. Una vera passione per sport e altruismo quella che Mauro dimostra da sempre. Un sogno che diventà realtà grazie allo spirito di servizio e dedizione che muove i cuori di molti. Una storia di sacreficio e amore verso uno sport, la città che lo ospita e la storia che lo accompagna.

Nota: nel 2023 prima dell'uscita di questo lavoro Mauro Carraro ha assunto la carica di Vice Presidente del Consorzio Treviso Siamo Noi.

Presentazione della società

Il Consorzio Treviso Siamo Noi nasce dalla passione, dall'impegno e dall'amore di un gruppo di persone per uno sport e per la città che lo ospita. Nel 2018 il futuro del calcio Treviso e dello storico marchio della Società FBC Treviso 1993 si prospettava molto incerto e inevitabilmente destinato alla scomparsa. Una condizione inaccettabile per un gruppo di cittadini innamorati di questo sport e pronti a tutto per garantire il futuro ed onorare la storia di una società sportiva come il Treviso. La responsabilità nei confronti dei tifosi e dei cittadini Trevigiani, nutrita dall'amore per questo sport , spinge il Sindaco Mario Conte ad incontrare alcuni importanti imprenditori della provincia e convincerli ad adoperarsi per salvare la società calcistica, garantendo l'appoggio della stessa amministrazione. Nel Dicembre del 2018 il Sindaco Conte e Marco Pinzi, attuale Presidente del Consorzio Treviso Samo Noi, si incontrano per gettare le basi di quello che diventerà un progetto di salvataggio e rilancio: audace, difficile, ma realizzabile.

Viene studiato un precedente storico adottato qualche anno prima per il rilancio della squadra locale del Basket Treviso: consorziare attività e aziende del territorio in una proprietà comune, al fine di garantire basi solide dove poggiare il futuro della società.

Nel Giugno 2019 viene fondato il Consorzio Treviso Siamo Noi e presentato il progetto di rilancio all'amministrazione Comunale. Il piano prevede la fusione di due realtà calcistiche già attive e consolidate quali : la " Treviso Accademy " - società prevalentemente dedicata alla scuola calcistica giovanile con sede a Quinto di Treviso - e il " FC Nervesa" -società storica fondata nel 1952 che milita nei campionati superiori -. Inoltre si prospetta la parziale ristrutturazione dello stadio Omobono Tenni di Treviso che ospiterà le gare della prima squadra.

Nel Giugno 2019 le due società si fondono costituendo di fatto quella che diventerà la nuova società calcistica trevigiana, sotto il nome di Treviso Accademy. L'amministrazione Comunale guidata dal Sindaco Mario Conte approva il piano del consorzio e, in qualità di proprietaria dello stadio, apre una gara d'appalto per aggiudicare i lavori di ristrutturazione. Al consorzio spetta la parte di pulizia e riordino dello stabile: operazione affidata alla direzione di Mauro Carraro nominato Direttore Generale del Sodalizio. Vengono coinvolte associazioni di volontariato e di calcio dilettantistico come: il Calcio Amatori Santa Bona 2002 e la società Indomita 21. La partecipazione non manca e un piccolo esercito di volontari riesce nel miracolo di completare la pulizia dello stadio: rimuovendo quattordici container di rifiuti. Uno sforzo congiunto dove passione, altruismo, dedizione e amore per lo sport rimuovono ostacoli quasi insormontabili.

Nel Settembre 2019 viene inaugurato il nuovo O.Tenni con la discesa in campo della prima squadra nel campionato 2019-2020 della categoria promozione.

Oggi a distanza di tre anni il Consorzio Treviso Siamo Noi e i suoi fondatori, proseguono la loro azione coinvolgendo sempre più attori nel progetto, raggiungendo il numero attuale di settantacinque consorziati. Un Marketplace, dove aziende e professionisti possono incontrarsi, conoscersi e collaborare. Una visione che trascende il semplice mantenimento della società, ma che guarda allo sviluppo di un mercato interno: intrecciando storie competenze e professionalità.

Una cooperazione tra pubblico e privato destinata a fare storia. Un esempio di come la condivisione di intenti e lo spirito sincero e genuino, che contraddistingue le nostre genti, possano gettare le basi e segnare un cammino roseo e un futuro luminoso per una intera città e la sua tradizione sportiva.

Nel 2020 il Consorzio Treviso Siamo Noi acquista lo storico marchio calcistico FBC Treviso 1993 completando la sua opera di ricostituzione della società calcistica cittadina, che tante soddisfazioni ha regalato ai Trevigiani.

Consorzio Treviso Siamo Noi

Mauro Carraro

Presentazione personale

Mauro Carraro è un funzionario affermato presso un'importante multinazionale attiva nel settore Tecnologico ed Energetico. Referente per le province di Treviso Venezia Belluno. Sposato con Concetta dal 1999 e padre di due splendidi ragazzi di diciannove e sedici anni. Mauro frequenta l'istituto Enrico Fermi di Treviso, dopo le scuole dell'obbligo. Terminato il periodo di studio, consegue il diploma come Perito Industriale e si appresta ad entrare nel mondo del lavoro.

Durante la sua adolescenza coltiva la passione per il calcio, militando in società del territorio, fino ad arrivare a categorie dilettantistiche. Un amore che condizionerà le scelte future di Mauro.

Forte di un carattere altruistico si dedica all'associazionismo contribuendo alla fondazione di realtà territoriali volte al miglioramento della vita della comunità ed all'inclusione sociale.

La grande passione per il calcio e per il volontariato lo vedono protagonista dentro e fuori dal campo.

Nel Gennaio 2019 Mauro viene contattato dai promotori del Consorzio Treviso Siamo Noi: nato allo scopo di rifondare la società del Treviso Calcio. Partecipa alla costituzione del sodalizio e alla ricerca dei partner aziendali.

Nel ruolo di Direttore Generale del Consorzio si occupa di tutta la parte burocratica, segue le strutture e gli impianti in dotazione e mantiene i rapporti con l'amministrazione comunale e con i consorziati.

Coinvolge le realtà amatoriali territoriali e coordina le operazioni di ripristino dello stadio Omobono Tenni di Treviso. Un lavoro impegnativo che Mauro e gli altri promotori svolgono totalmente in maniera gratuita, mossi da passione e amore per la propria città, ripagati soltanto dalla soddisfazione di rivedere in campo i calciatori Trevigiani.

Nel Febbraio 2020 Mauro entra a far parte del Consiglio di Amministrazione dell'ISRAA (Istituto per servizi di Ricovero e Assistenza agli anziani), dopo aver ricevuto la nomina da parte della ULSS 2 di Treviso. Un incarico importante che lo avvicina ad un mondo particolarmente delicato. Una esperienza incisiva a livello personale ed emotivo che Mauro affronta con determinazione e impegno.

Una lunga intervista che racconta sensazioni, passioni,sacrefici e sogni. Una testimoniazia di come amore e passione,unite ad un grande spirito di servizio e collaborazione, posso portare al raggiungimento di traguardi inaspettati.

Intervista

Chi è Mauro Carraro ?

Mauro Carraro è un uomo di quarantanove anni, felicemente sposato con Concetta dal 1999 e padre di due meravigliosi ragazzi di diciannove e sedici anni. Il più grande ha già concluso il percorso di studio ed è, da poco, entrato nel mondo del lavoro. Il più giovane invece frequenta l'Istituto Riccati di Treviso e presto deciderà la strada che vorrà seguire : se continuare gli studi o avviarsi verso un percorso di apprendimento professionale. Entrambi giocano a calcio: buon sangue non mente.

Mi reputo una persona umile, generosa, altruista e aperto ad ogni sfida che la vita ci riserva. Caratteristiche che cerco di trasmettere anche ai miei figli. Ho un carattere abbastanza impulsivo e mi entusiasmo facilmente, non risparmiando energie cercando di aiutare il prossimo. Credo fermamente nei rapporti di amicizia che si misurano soprattutto nei momenti di difficoltà donando noi stessi senza necessariamente dover ricevere in cambio un qualcosa.

Oggi viviamo un periodo storico importante caratterizzato da rapporti quasi "virtuali". Ho avuto la fortuna di conoscere tantissime persone meravigliose nella mia vita che mi hanno trasmesso sentimenti di stima e rispetto reciproco, reali e tangibili. A volte mi faccio trasportare dalle emozioni e dal mio entusiasmo, sia nella vita professionale che in quella famigliare e sociale. Un pregio che in alcuni casi diventa anche un difetto. Grazie all'esperienza e a qualche anno in più, ho imparato a frenare la mia intraprendenza, concedendo più tempo a valutazione e riflessione. Credo in valori semplici ma sinceri, che sono alla base di ogni rapporto personale come: rispetto, altruismo, amicizia, dedizione e passione. Ho sempre cercato di vivere la vita seguendo questi insegnamenti che mi sono stati trasmessi. Convinzioni che hanno segnato il mio percorso di crescita e che continueranno ad accompagnarmi nel cammino della vita.

Qual è stato il Suo percorso di studio?

Sono nato e cresciuto nel quartiere di Santa Bona in periferia di Treviso.Una normale famiglia borghese con papà e mamma operai e una sorella, Paola, di sei anni più grande. Il tempo non era molto per i miei genitori, impegnati nei rispettivi impieghi. Ho trascorso l'infanzia tra le amorevoli cure di nonna Elisea che abitava a San Lazzaro di Treviso. Ho frequentato le scuole elementari all'istituto Nicolò Tommaseo proprio nel quartiere di San Lazzaro. Mia madre e mio padre, non volendo che io trascorressi i pomeriggi in solitudine, decisero di iscrivermi ad un istituto privato di Treviso, il Turazza, che offriva la possibilità di frequentare lezioni pomeridiane. Conclusi le scuole dell'obbligo nel 1986. Successivamente mi iscrissi all'istituto tecnico Enrico Fermi di Treviso dove completai i corsi formativi conseguendo il diploma di Perito Industriale.

Ricorda il Suo ingresso nel mondo del lavoro?

Terminati gli studi superiori, nel periodo precedente la chiamata per il servizio militare, ebbi la prima esperienza nel mondo del lavoro. Fui assunto presso il mercato ortofrutticolo di Treviso come addetto al carico e scarico merci. Un lavoro duro per un giovane ragazzo alle prime armi, ma che mi regalò emozioni e conoscenze straordinarie. Inoltre finalmente conoscevo il vero volto della fatica, del sacrificio e della responsabilità. Nel 1994 partii per il servizio militare nel Corpo degli Alpini. Al mio ritorno venni assunto alla Marchiol S.P.A. inizialmente con mansioni molto umili e semplici. Ricordo le innumerevoli ore passate a tagliare cavi elettrici e a sistemare i magazzini. Fu un periodo molto importante della mia vita professionale. Fui accolto meravigliosamente da tutti i colleghi più "anziani " i quali mi trasmisero conoscenza e professionalità. La Marchiol S.P.A. era , ed è tuttora, una azienda leader nel settore della distribuzione di materiale elettrico. Farne parte segnò la strada del mio futuro professionale. Dopo un periodo di giusta gavetta, le responsabilità aumentarono e con loro la conoscenza dei prodotti e del vasto universo degli accessori elettrici.

Nel 1998, dopo una collaborazione durata tre anni, accettai un' offerta di lavoro come addetto alle vendite dalla Ave Interruttori : azienda produttrice di interruttori elettrici domestici di Vestone in provincia di Brescia. Una sfida interessante che raccolsi senza indugi. Questa nuova avventura mi offriva l'opportunità di conoscere il settore vendite e di confrontarmi con clienti di ogni genere:

partendo da grandi aziende di installazione; passando dai rivenditori di materiali elettrici; fino ad arrivare al piccolo installatore di zona.

Un percorso di crescita personale che mi insegnò molto nell'ambito della comunicazione e dei rapporti umani.

Nel 2005 inaspettatamente ricevetti una proposta molto allettante da parte della Disano: azienda di   Sesto San Giovanni in provincia di Milano, produttrice di elementi per l'illuminazione. Vittima , ancora una volta, del mio carattere impulsivo e attratto dalle nuove sfide, accettai questo incarico. Entrai come agente di commercio indipendente, perfezionando le conoscenze nel ramo delle forniture di materiale per l'illuminazione, sia domestica che industriale. Il rapporto con la Disano durò due anni, fino   al definitivo approdo alla ABB: azienda multinazionale con sede a Zurigo, produttrice e fornitore di una gamma molto ampia di prodotti tecnologici - industriali. Il ruolo che mi veniva prospettato e i piani aziendali futuri suscitarono in me quello spirito di avventura che da sempre mi contraddistingueva.

Oggi a distanza di quattordici anni ricopro il ruolo di funzionario operativo referente di settore per le province di Treviso , Belluno e Venezia.

Quando nasce la Sua passione per il calcio ?

La passione per il calcio nasce da bambino. Ho passato infanzia e adolescenza vivendo in un quartiere popolare. Una piccola città nella città. Ci conoscevamo tutti e i rapporti di amicizia erano veri e sinceri. Avevamo a disposizione pochi spazzi per sfogare le nostre energie inesauribili, ed ogni luogo era trasformato in un campo da calcio: reale o immaginario. Ricordo le sfuriate dei vicini quando i portoni dei magazzini per le auto diventavano le reti dove far entrare il pallone, e le colonne dei portici delimitavano il "terreno" di gioco. Memorabili le sfide due contro due o tre contro tre con i tanti amici di allora. Ai margini del quartiere vi era un campetto di cemento destinato al gioco del basket, da tutti chiamato " IL Paletto ". Nome che derivava dal tradizionale gioco che consisteva nel centrare il palo posto a sostegno del canestro,con il pallone da calcio . In seguito grazie all'azione di alcuni volontari il " Palo " fu sostituito da strutture più stabili e dotate di reti: adibite a piccole porte larghe circa un metro. Nacque il famoso Torneo di Paletto ideato dal Signor Roberto Pinto che ebbe più di trenta edizioni. Tutti noi giovani ragazzini aspiravamo a parteciparvi. Cosa che avvenne anche per me e che mi regalò grandissime emozioni ed una gioia infinita quando con la nostra squadra riuscimmo a vincere il primo premio.

Le prime vere esperienze nel mondo del calcio agonistico iniziarono con la squadra di casa il " Santa Bona": una realtà di periferia che attirava moltissimi ragazzi della zona. Ricordo il campionato nella categoria giovanissimi che vincemmo . Fu un'esperienza indimenticabile. Nel cuore custodisco ancora fotografie indelebili.

Dal Santa Bona passai alla Fulgor Trevignano una società diretta dal Presidente Gheller Ettore che con passione e tanto spirito altruistico, metteva a disposizione la propria macchina per garantirci gli spostamenti.
Finita l'esperienza alla Fulgor militai nella Union Treviso2000 nata dalla fusione di due società di quartiere. Durante questa parentesi ebbi l'occasione di intrecciare un' amicizia e una conoscenza più profonda con Marco Pinzi attuale Presidente del Consorzio Treviso Siamo Noi.

Conclusi la mia " carriera " calcistica nel Santa Maria del Rovere dovendo scegliere tra gli impegni lavorativi e quelli sportivi. Ma la passione per questo sport non si è mai affievolita e negli anni successivi riuscii a trasferirla nel settore amatoriale seguendo progetti di aggregazione e integrazione associativa.

Lei si occupa da molti anni di associazionismo e volontariato.
Fondatore e membro di realtà molto attive nel territorio. Ci racconta qualcosa?

La prima esperienza nel mondo dell'associazionismo risale al 1996 quando assieme ad un gruppo di amici fondammo il Gruppo Sportivo Ricreativo Immacolata guidato dall'allora Presidente Pinto Roberto. Una realtà attiva in quartiere e dedita alla promozione di attività ricreative e di aggregazione rivolte ai residenti del

quartiere.
Sono sempre stato affascinato dall'impegno e dalla dedizione a favore del prossimo. Una parte del mio carattere che ancora conservo e che mi accompagna da tutta la vita.

Nel 1998 costituimmo la prima squadra calcistica amatoriale del quartiere che riuniva tanti " vecchi " compagni di gioco. Fu un anno meraviglioso che ci regalò una splendida vittoria del campionato. La nostra attività suscitò grande interesse e partecipazione da parte dei residenti del quartiere coinvolgendo centinaia di persone che puntualmente seguivano la squadra durante gli incontri.

Nel 2002 si conclude la collaborazione con il Gruppo Sportivo Immacolata ed assieme all'amico Michele Zorzi fondiamo l'associazione Calcio Amatori Santa Bona 2002. Diamo vita ad una squadra più strutturata e con un seguito invidiato da molti. Oltre che nel calcio concentriamo i nostri sforzi anche su iniziative di carattere culturale e sociale, riuscendo a mantenere vivo l'interesse per la nostra azione e coinvolgendo famiglie e bambini. Un progetto che va ben oltre il mero fare sport ma che costituisce un'opportunità di incontro, conoscenza e aiuto reciproco.

Lo spirito dell'associazionismo sincero si misura anche e soprattutto nei momenti di difficoltà che affrontiamo durante il nostro percorso di vita. Poter rappresentare un punto di riferimento per chi necessita aiuto e un luogo dove trovare appoggio sicuro nei momenti più duri, ripaga per ogni sacrificio e fatica. Ho conosciuto tantissime persone meravigliose durante l'esperienza associativa.

Persone che senza mai chiedere nulla donavano tempo e risorse a favore del prossimo. Sono cresciuto spiritualmente, moralmente ed umanamente imparando a riconoscere e capire le problematiche altrui ed adoperandomi per risolverle.

Nel 2012 ho partecipato attivamente alla fondazione dell'associazione sportiva Indomita 21 nata dalla volontà di alcuni associati di far rinascere la storica società di Monigo : quartiere periferico Trevigiano. Nasce così una fruttuosa collaborazione che si concretizza con l'inaugurazione del campo sportivo intitolato ad una persona straordinaria, Berto Piazza, interamente ristrutturato dai volontari delle due società.

Nel 2019 ho accettato l' attuale incarico nel Consorzio Treviso Siamo Noi e ho ritenuto opportuno lasciare gli impegni nel Calcio Amatori Santa Bona dopo aver traghettato l'associazione verso la fusione con lo storico Gruppo Sportivo Immacolata. Sono grato a tutti i compagni di viaggio che in più di vent' anni di attività mi hanno trasmesso forza e consapevolezza che non pensavo di possedere.

Passione, sacrificio, altruismo e volontariato. Che significato hanno queste parole per Mauro Carraro?

Queste parole hanno un significato fondamentale per me.

Credo nell'importanza del gruppo e nello stare insieme aiutandosi reciprocamente. Il sacrificio ha molti volti e si manifesta attraverso le nostre azioni quotidiane , sia in ambito lavorativo e sociale che in quello famigliare.

Sacrificio significa saper mettersi a disposizione del prossimo anche rinunciando a spazi privati e personali. L'altruismo è sicuramente lo spirito che muove ogni iniziativa rivolta alla comunità e alle persone che ci circondano. Nel mondo dell'associazionismo cammina mano nella mano con il volontariato. Un binomio complementare senza il quale molte delle nostre attività non sarebbero state possibili. Credo fermamente in questi valori e nelle soddisfazioni che possono regalarci. Nella mia esperienza personale ho potuto ammirare tante persone che sulla base di queste convinzioni hanno fondato la loro intera esistenza.

Quando e come nasce l'idea del progetto Consorzio Treviso Siamo Noi ?

Nel 2018 la situazione della storica società calcistica Trevigiana attraversava un momento di grave difficoltà. Il futuro si presentava incognito ed infausto. Tutto lasciava presagire l'inevitabile fine di una realtà sportiva importantissima per la nostra città. Una situazione inaccettabile per il Sindaco Mario Conte il quale, spinto dall'amore per lo sport e da uno spirito di responsabilità verso i suoi cittadini, contatta Marco Pinzi attuale Presidente del Consorzio Treviso Siamo Noi . I due si incontrano per capire se esiste la possibilità di gettare le basi per un progetto di rilancio e rinascita concreto e duraturo. Dopo l'incontro vengo contattato da Marco Pinzi per partecipare a questo progetto mettendo a disposizione l'esperienza maturata in ambito societario e calcistico.

Accetto la sfida ed insieme ad Enrico De Bernard e lo stesso Pinzi iniziamo gli incontri e la stesura del piano d'azione. Dovevamo presentare una proposta credibile all'amministrazione comunale.

Ci rendiamo conto che manca una pedina fondamentale per riuscire nell'intento: una persona amante del calcio e ricca di entusiasmo e passione. Presentiamo quindi il progetto a Luigi Sandri, allora Presidente del Nervesa Calcio – società storica attiva dal 1952. Iniziano una serie di incontri e riunioni dove confluiscono e si confrontano idee e proposte. Decidiamo di seguire l'esempio che pochi mesi prima aveva portato alla creazione della nuova società di Basket Trevigiana : una visione di grande successo ,prima in Italia e riconosciuta a livello nazionale, dove un gruppo di volenterosi aveva dato vita ad consorzio di imprese per sostenere concretamente la squadra e fornire basi solide e un futuro stabile. Iniziamo quindi la ricerca dei primi possibili pilastri su cui poggiare l'intero processo.

Nel Maggio 2019 il piano è pronto e viene presentato all'amministrazione comunale. Dieci aziende costituiscono le fondamenta del consorzio. Un dettagliato piano di interventi che prevede la fusione tra la società del Nervesa Calcio (giudata dal presidente Sandri) e la società Treviso Accademy (attiva nel settore giovanile) e la sistemazione dello stadio O. Tenni, completano la proposta .

Nel Giugno 2019 nasce il Consorzio Treviso Siamo Noi che diventa di fatto proprietario della nuova squadra Trevigiana la quale inizialmente conserva il nome di Treviso Accademy. Amore, passione, dedizione, altruismo, professionalità e volontariato si uniscono in un unico obbiettivo comune che vede la luce nel Settembre 2019 con la prima apparizione della nuova squadra trevigiana sul prato dello Stadio cittadino.

Oggi il Consorzio conta settantacinque affiliati e ha da poco acquistato lo storico logo della FBC Treviso 19   La società sportiva guidata dal Presidente Sandri   gestisce diverse strutture sportive tra le quali il campo di San Bartolomeo, appena ristrutturato e dotato di un manto sintetico, che non trova uguali nel Comune di Treviso. Un vanto sia per il Consorzio che per la società.   Inoltre abbiamo ricostituito un settore giovanile dinamico e in continua crescita.

Treviso Siamo Noi

Presidente Consorzio Treviso Siamo Noi   Marco Pinzi
Presidente Treviso Foot Club 1993   Luigi Sandri

Quali difficoltà avete incontrato ? Come sono state superate ?

Come ogni nuova impresa ovviamente le difficoltà non mancano mai. Organizzazione, burocrazia, finanziamenti e molti altri ostacoli di percorso che si possono facilmente intuire. Ma ciò che proprio non avevamo era il tempo. Abbiamo iniziato la nostra avventura nel Gennaio 2019 con l'intento di riuscire ad iscrivere la nuova squadra per la stagione 2019-2020. Non più di sei mesi per studiare e costruire un progetto valido strutturato e completo sotto tutti i profili. Ricordo che dopo aver presentato il piano di indirizzo all'amministrazione comunale e ricevuto il via libera, non passava sera senza una riunione, un incontro, discussioni e domande. Solo grazie alla professionalità e alle capacità di persone come Marco Pinzi, Luigi Sandri, Aldo Gastaldo ed Enrico de Bernard, tutto è stato possibile : ricerca dei sostenitori, fusioni societarie, tesseramenti e molti altri adempimenti necessari alla costituzione di una società calcistica e di un consorzio proprietario. Ci eravamo impegnati nel garantire la pulizia e il ripristino dello storico stadio cittadino O. Tenni . Il comune di Treviso proprietario della struttura decise di aprire un bando finanziando e affidando i lavori di ristrutturazione strutturale dell'impianto. Lo stato in cui versavano i locali, interni ed esterni era veramente al limite della decenza e solo con l'aiuto di decine di volontari provenienti dalle associazioni di quartiere come Amatori Santa Bona e Indomita 21 fu possibile realizzare una pulizia profonda e completa . Ricordo che furono necessari quattordici container per trasportare tutti i rifiuti accumulati. Certo sono stati momenti caotici e caratterizzati da situazioni particolarmente frustranti e pesanti. Ma grazie all'impegno di tantissime brave persone, alla loro passione, al sacrificio comune ed ad una collaborazione fruttuosa tra pubblico e privato, ogni ostacolo è stato superato e oggi siamo qui a raccontare una storia di successo.

Ingresso Stadio di calcio Omobono Tenni di Treviso

Lei ricopre il ruolo di Direttore Generale del Consorzio. Quali sono i Suoi compiti e le Sue responsabilità ?

Il mio lavoro si basa principalmente sulla gestione dei rapporti del consorzio con i consorziati e con gli organi preposti ai vari servizi necessari per il mantenimento delle strutture. Seguo la parte burocratica e svolgo un ruolo di congiunzione tra amministrazione e società sportiva. Durante gli incontri sportivi mi occupo della gestione del personale di servizio e della risoluzione di eventuali problemi organizzativi. Gestisco i rapporti con fornitori, manutentori e organi preposti alla sicurezza pubblica. Inoltre seguo personalmente e coordino la conduzione degli impianti sportivi in dotazione alla FBC Treviso. Ho seguito e diretto i lavori di ristrutturazione dello Stadio Tenni e del campo di San Bartolomeo fungendo da riferimento per le aziende coinvolte. Professionisti che sento di dover ringraziare per il lavoro svolto in tempi brevissimi con la massima cura in ogni particolare. Ovviamente sono coadiuvato da persone preparate e competenti in ogni settore di appartenenza e in costante contatto con i nostri Presidenti Pinzi e Sandri : le vere colonne che sostengono tutto il nostro operato.

Il Vostro lavoro poggia totalmente su base volontaria e non retribuita. Perché questa scelta ?

Tutto il percorso per la fondazione del consorzio e il salvataggio della storica società calcistica Trevigiana poggia su quattro pilastri inamovibili: amore, passione, sacrificio e volontariato.

Amore: per la nostra città che merita una compagine sportiva degna dei tanti tifosi che da sempre sostengono i colori Bianco -Celesti.

Passione: per uno sport che molti di noi portano nel sangue fin dalle più tenere età. Una disciplina capace di regalare emozioni e sentimenti impagabili.

Sacrificio: senza il quale nulla sarebbe possibile. Partendo dalle piccole realtà amatoriali territoriali fino ad arrivare alle più quotate società. Il sacrificio di tante persone straordinarie incontrate in questi anni sono indelebili nel mio cuore e hanno dimostrato come una forte determinazione può essere vettore di straordinarie imprese.

Volontariato: una parola che racchiude in sè la storia e la cultura di un territorio Trevigiano e Veneto caratterizzato dallo spirito altruistico ed instancabile dei suoi abitanti. Senza l'apporto dei volontari i costi per raggiungere i nostri obbiettivi sarebbero stati insostenibili.

Da questi presupposti nasce la nostra volontà di mettere al di sopra di ogni personalismo stabilità e compattezza societaria. Ci siamo concessi un arco di tempo per raggiungere parte dei traguardi desiderati. Qualora in futuro – cosa che noi auspichiamo- saranno necessarie competenze più professionali di settore, sarà nostra premura rivolgerci a personale preparato e che svolge queste attività come lavoro. In questo momento il nostro compito è essenzialmente garantire la stabilità e il futuro della nuova FBC Treviso 1993.

Lei su mandato dell'ULS 2 di Treviso siede nel Consiglio di Amministrazione dell'ISRAA (Istituto, Servizi, Ricovero Anziani). Due mondi opposti : quello dello sport con i giovani che iniziano il loro percorso nella vita. E quello degli anziani. Come affronta questo impegno e quali emozioni Le trasmette ?

Affronto questo impegno con la massima determinazione e serietà. Sono entrato in un mondo completamente nuovo per me. Ho scoperto delle realtà che non conoscevo imparando a rispettarle ed ammirarle. Questo incarico sta segnando la mia vita e la mia coscienza. Sono entrato in contatto con persone straordinarie che si occupano quotidianamente di assistenza e amministrazione. Sono stato accolto benissimo da tutto il personale, preparatissimo e professionale e mi sono sentito fin da subito parte integrante di una grande famiglia. Devo sicuramente ringraziare il nostro Presidente Mauro Michielon per l'appoggio e la fiducia concessa. Il nostro ruolo, come consiglieri di amministrazone, si concentra essenzialmente nella governance della IPAB (Istituto Pubblico Assistenza e Beneficenza), ma non manca il contatto con i tanti operatori che seguono gli ospiti direttamente in struttura. Considero la loro opera una vera e propria missione a favore del prossimo.

In questi contesti anche un piccolo sorriso e una parola di conforto rappresentano gesti importanti che possono incidere sulla vita dei nostri anziani. All'interno delle strutture vive la nostra storia e i protagonisti che l'hanno scritta. Non dobbiamo e non possiamo ignorare questo aspetto. Essere qua e dare il mio piccolo contributo mi riempie di soddisfazione e di orgoglio.

Un altro aspetto molto significativo dell'essere parte attiva in questo sistema, è senz'altro il contatto che si sviluppa all'esterno della struttura. L'amministratore deve fungere da catalizzatore e adoperarsi a favore della comunità. Mi riferisco alle innumerevoli richieste di consigli che giungono da persone che necessitano del nostro servizio per i loro famigliari. Ovviamente esistono procedure precise per accedere ad una IPAB e quello che noi amministratori possiamo fare è indicare la via giusta e i procedimenti corretti da seguire. Sembra un aspetto poco importante, ma in molti casi le famiglie, che improvvisamente si trovano in determinate situazioni, non sanno esattamente come procedere. Il semplice incontro e un corretto indirizzo possono aiutare a percorrere questa strada a volte tortuosa e in salita. Personalmente mi ritengo molto fortunato per aver ricevuto la possibilità di conoscere questo mondo e di concentrare le mie energie per dare un piccolo contributo.

Quante strutture gestite ?

Esistono attualmente quattro strutture operative e diversi mini alloggi adibiti al co-housing. Casa Albergo in centro città, dove si trovano anche gli uffici operativi. Residenza R. Zalivani a Fiera, Residenza G. Menegazzi a San Giuseppe e R.A.C.T. a Santa Bona. Complessivamente ospitiamo più di ottocento ospiti tra strutture operative e co-hausing.

Come riesce a coniugare impegni lavorativi e pubblici con la vita famigliare?

Ciò che ovviamente mi impegna di più è il mio lavoro, al quale dedico tutta la giornata. Svolgo un lavoro molto dinamico con orari flessibili e non prestabiliti. Gli impegni sono molti e i colloqui con i clienti mi portano spesso lontano da casa. Per quanto riguarda lo sport e gli impegni pubblici dedico a loro il restante tempo libero extra lavorativo.

Ho due figli grandi, anche loro molto appassionati di sport e passiamo insieme i fine settimana seguendo i loro incontri calcando campi sportivi. Ho sempre cercato di coinvolgere la famiglia nelle mie attività. Anche se molto impegnata con il suo lavoro in ospedale, mia moglie Concetta ci segue nelle nostre uscite, seppur non molto appassionata di calcio. Credo che ormai si sia rassegnata ai tre uomini di casa. Oltre allo sport, insieme ai miei compagni di passione, abbiamo sempre incoraggiato iniziative di incontro e condivisione. Sono nate amicizie importanti che esulano dal mero assistere ad incontri calcistici, e che trovano la loro forma più significativa durante i momenti di convivialità post partita e nella vita quotidiana.

Cosa offre ai suoi affiliati il Consorzio Treviso Siamo Noi ?

Come detto in precedenza il Consorzio Treviso Siamo Noi nasce principalmente allo scopo di sostenere e garantire una stabilità forte e duratura alla società FBC TREVISO 1993. Abbiamo pensato inoltre di fornire una struttura orizzontale al consorzio dando la possibilità di affiliazione ad ogni categoria di aziende : dalla più grande e quotata , alla più piccola impresa individuale. Offriamo un pacchetto contratti accessibile a tutti con diversi servizi e distinte forme economiche. Promuoviamo incontri informativi e promozionali per i nostri consorziati al fine di ampliare la visibilità delle aziende coinvolte.

Possiamo definire il Consorzio Treviso Siamo Noi come un vero e proprio Marketplace dove convogliare conoscenza e professionalità. Vogliamo sviluppare e sostenere una rete di interscambio intrecciando competenze e interessi comuni. Ogni consorziato diventa parte attiva del consorzio stesso. Inoltre vengono concessi servizi ed agevolazioni sia sotto forma di partecipazione agli eventi sportivi, sia sotto il profilo di marketing e pubblicità.

Perché aderire al Vostro progetto ?

Aderire al nostro progetto significa condividere un percorso: entrare a far parte di una famiglia che vuole costruire fondamenta solide e credibili. Ritengo che la nostra città meriti palcoscenici più importanti e una visibilità sostanziale. Solo attraverso l'unione di intenti e di forze concrete possiamo raggiungere gli obbiettivi che ci siamo prefissi. Diventare soci del Consorzio Treviso Siamo Noi non si limita al mero campo sportivo, ma rappresenta una opportunità di crescita personale ed imprenditoriale. Siamo anelli di una catena uniti , solidi e compatti. Più anelli riusciamo a collegare e più la nostra catena sarà forte ed indistruttibile. Certamente non può mancare la passione e la volontà di credere che nel futuro calcistico del nostro territorio il Treviso Calcio possa tornare protagonista e che la sua maglia e i suoi colori tornino a far sognare i nostri ragazzi : come faceva sognare noi.

Progetti per il futuro?

Personalmente intendo continuare con impegno a svolgere la mia professione e concentrarmi sulle sfide future. Si sta aprendo una stagione interessante per quanto riguarda le nuove tecniche di fornitura energetica.

Green economy, mobilità sostenibile ed energie rinnovabili rappresentano argomenti cardine per il futuro delle nostre aziende. La multinazionale per la quale lavoro sta investendo molto in ricerca e sviluppo e il nostro impegno sul campo assorbirà molte energie.

Intendo continuare il mandato come Consigliere di Amministrazione presso ISRAA con impegno e dedizione rispettando ed onorando la fiducia che mi è stata concessa.

Come Consorzio Treviso Siamo Noi intendiamo proseguire questa magnifica avventura e raggiungere gli obbiettivi che ci siamo prefissi all'inizio del nostro cammino. Ci impegneremo affinchè la società calcistica FBC Treviso 1993 possa trovare il suo meritato riscatto. Puntiamo a categorie superiori. Miriamo ad accrescere esperienza e capacità per poter affrontare al meglio le sfide di domani. Impegno, sacrificio, passione e tanto lavoro saranno i pilastri su cui fonderemo le azioni future, cercando di dimostrare a tifosi e affiliati tutta la nostra determinazione.

Quali consigli sente di poter dare alle nostre giovani promesse del calcio?

Viviamo un periodo di transizione storica. I nostri ragazzi sono assorbiti da mondi virtuali e spesso si escludono dalla vita reale: abbandonano i campi verdi e bagnati per un più sicuro e asciutto campo virtuale. Dobbiamo impedire questa deriva e concentrare tutte le nostre energie per spingere i giovani a ritrovare il rapporto aria e natura. Uscite tornate ad impegnarvi in attività sportive, di qualsiasi natura esse siano. Impegnatevi e dimostrate di avere lo spirito giusto e le qualità per superare fatiche ed ostacoli.

Riconosco che seguire una disciplina sportiva con assidua presenza non sia facile. La scuola e lo studio sono priorità nella vita dei nostri ragazzi, ma lo sport e l'attività fisica posso e devono ricoprire un ruolo altrettanto fondamentale. Attraverso lo sport possiamo crescere come individui, imparare a relazionarci con altre persone e diventare gli uomini e le donne di domani.

Facebbok	Treviso Siamo Noi
Facebook	Treviso FBC 1993
Facebook	Mauro Carraro
	www.trevisosiamonoi.it
E-Mail	trevisosiamonoi@gmail.com
E-Mail	info@trevisosiamonoi.it

neldubbiostampo
tipografia filopoetica

Ascoltare e raccontare la professione e la passione di Paolo Celotto è stata una avventura ricca di emozioni. Un viaggio attraverso il tempo e la storia di una antica arte che ha cambiato e condizionato la vita dell'uomo. Poesia e magia si mescololano con rumori, odori e sensazioni. Inchiostro e stridio metallico disegnano e formano immagini e caratteri. La gentilezza di Paolo si rispecchia nelle sue creazioni,nella professionalità e nell'attenzione per ogni dettaglio.

Presentazione attività

Neldubbiostampo Tipografia Filopoetica, è un'attività di progettazione e stampa a caratteri mobili, fondata nel 2013 da Paolo Celotto : professionista indipendente nel settore della progettazione grafica.
La tipografia si serve ancora di macchinari storici che nascondono racconti, anime e professionalità ormai passate.
La passione di Paolo per tutto ciò che racconta e racchiude in se vita ed esperienze si rispecchia chiaramente nel suo progetto professionale.
Tutto ha inizio nel 2002 quando Paolo, già affermato grafico, partecipa, per conto dell'azienda " Valcucine" di Pordenone con cui collabora, all' inaugurazione della Tipoteca : Museo della Stampa di Grafiche Antiga di Cornuda, dove si espongono caratteri ,macchinari, attrezzature e tecniche dell' " Arte Nera ". Questo viaggio nel tempo tocca Paolo profondamente e lo affascina.
Decide quindi di stampare il prossimo lavoro in programma avvalendosi del supporto del Museo : concepito, oltre che per la mera esposizione, anche per fornire un supporto funzionale per le stampe. Paolo è il primo ad avere questa intuizione e a servirsi del Museo per realizzarla. Passano dieci anni e nel 2012 Paolo si rivolge nuovamente alla Tipoteca per realizzare un altro importante lavoro : un libretto illustrativo sempre per l'azienda Valcucine.
Ancora una volta Paolo resta colpito da queste tecniche ormai passate e quasi dimenticate. Decide quindi di frequentare alcuni corsi formativi per apprendere i segreti

della stampa tipografica. Dopo una ricerca molto impegnativa di macchinari e attrezzature Paolo corona il suo sogno e getta le basi per la creazione della tipografia _" Neldubbiostampo " .

Inizialmente realizza piccoli libretti che contengono storie e poesie facili e veloci da leggere : che battezza con il nome " Pagineotto " .

Il lavoro prosegue negli anni e le collaborazioni si moltiplicano. Cantanti, artisti, poeti, insegnati e scrittori si rivolgono a Paolo per realizzare i loro progetti, coinvolgendo una platea sempre più interessata, attenta e dedita alla riscoperta di mestieri ormai perduti.

Il laboratorio di " Neldubbiostampo " diventa di fatto teatro per stage formativi che coinvolgono istituti e studenti, i quali, oltre alla parte puramente tecnica e digitale , possono, attraverso il lavoro manuale, " toccare con mano " un'esperienza formativa inedita e coinvolgente.

Oggi a distanza di quasi vent'anni da quel primo colpo di fulmine, Paolo continua la sua attività, realizzando opere sempre più complesse e studiate. Unendo di fatto presente e passato e mantenendo viva un'arte, madre e precursora, delle moderne tecniche di stampa.

Paolo Celotto

Presentazione Paolo Celotto

Paolo Celotto classe 1973 libero professionista nel settore della progettazione grafica pubblicitaria. Sposato con Alessandra e padre di due splendidi bambini Pietro di tredici anni e Agata di dieci. Nel 1991 Paolo si diploma con successo presso il Liceo Artistico di Treviso. Concluso il percorso di scuola secondario, inizia un cammino formativo presso la SID (Scuola Italiana Design) che lo impegna per tre anni. Conseguito il master, e dopo il servizio civile, si appresta a fare ingresso nel mondo del lavoro, iniziando fin da subito la sua carriera come libero professionista. La dedizione e l'impegno di Paolo sono evidenti, e non tardano ad arrivare i primi contratti di collaborazione. Nel 1998 viene contattato da Treviso Tecnologia (ora T2I): società istituita dalla camera di commercio di Treviso-Belluno e successivamente ampliata con la partecipazione delle sedi di Verona e Venezia-Rovigo. La società si occupa di settori strategici per l'economia locale: ricerca, sviluppo, formazione, innovazione tecnologica, controllo qualità, registrazione marchi , sviluppo startup ecc... Un rapporto che sembrava dovesse cessare dopo lo sviluppo del progetto assegnato, ma che a distanza di più di venti anni, continua e si solidifica con la permanenza di Paolo nello staff della società.

Successivamente Paolo viene contattato dall'azienda Valcucine di Pordenone, grazie all'interessamento di una ex compagna di corso, per ricoprire il ruolo di grafico, al momento vacante. Un rapporto che dura oltre dieci anni e che segnerà una svolta nella vita professionale ed imprenditoriale di Paolo.

Le stagioni passano e Paolo arricchisce le sue competenze attraverso uno studio continuo e una pratica costante. Realizza cataloghi per grandi aziende, disegna etichette per ristoranti e cantine di alto livello e collabora con personaggi intellettuali e dello spettacolo del territorio sempre nel ruolo di visual designer.

Nel 2002, per conto della stessa azienda Valcucine, partecipa all'inaugurazione della Tipoteca: museo voluto e realizzato da Grafiche Antiga. Il museo espone macchinari, attrezzature e promuove corsi di formazione dedicati alle tecniche di stampa artigianali a caratteri mobili. Per Paolo è amore a prima vista. La storicità del luogo, dei macchinari e delle tecniche descritte colpisce e affascina Paolo e si sposa benissimo con la sua passione per gli oggetti storici e le vicende di vita che si nascondono dietro la loro usura. Nasce una collaborazione che vede Paolo come primo professionista ad avvalersi delle competenze della Tipoteca, affidando alla stessa la realizzazione di un progetto interamente stampato con la tecnica artigianale dell' Arte Nera (arte della stampa).

Nel 2012, dieci anni dopo, Paolo si affida ancora al museo per realizzare un'altra creazione. Nuovamente colpito dalle tecniche usate per la stampa, decide di approfondire questa esperienza, partecipando a corsi formativi per imparare l'uso dei macchinari e delle attrezzature necessarie per la stampa.

L'anno successivo inizia la ricerca per acquisire tutto il necessario per aprire la sua tipografia. Una ricerca complicata e meticolosa portata avanti assieme a papà Mario che lo segue e lo sostiene durante tutto il percorso.

Nel 2013 Paolo apre la tipografia " Neldubbiostampo Tipografia Filopoetica" e si trasferisce nel quartiere dove abita da molti anni e dove hanno abitato i nonni paterni. Un rapporto tra Paolo e il quartiere fatto di storie, sensazioni e sentimenti.

Oggi il laboratorio è stato trasferito nella nuova abitazione della famiglia Celotto. Entrando sembra di fare un tuffo nel passato. Centinaia di cassetti in legno -ognuno contenente un carattere diverso e di varie grandezze- antichi macchinari per la stampa : <u>torchio a leva , pedalina, tiraprove e taglierina</u>. Dal lato opposto della stanza lo studio personale di Paolo: dove prendono vita la sue creazione grafiche. All'interno, computer e schermi digitali testimoniano l'utilizzo delle migliori tecnologie moderne.

Due mondi distanti ma paralleli. Passato e presente che Paolo con passione e dedizione unisce, dando vita a vere e proprie opere d'arte. Uno sforzo ammirevole per mantenere vivi mestieri e tradizioni che hanno segnato la storia delle lettere e gli arbori della stampa.

Paolo Celotto durante il posizionamento dei caratteri mobili.

Intervista

Chi è Paolo Celotto ?

Sono nato il 13 Maggio del 1973, sono felicemente sposato con Alessandra dal 2004. Una storia la nostra che inizia nel 1995. Dopo un lungo fidanzamento decidiamo di unirci coronando così il nostro sogno. Sono padre di due meravigliosi figli: Pietro nato nel 2008 e Agata nata nel 2011. Pietro sta per concludere il suo percorso nelle scuole primarie ed è orientato verso la scelta di studio informatico e scientifico. Agata invece dimostra già un'attitudine naturale per il disegno che spero la porterà verso questo indirizzo.

Mi considero una persona molto tranquilla, paziente e a volte un pò silenziosa. Una parte del mio carattere che ho dovuto cercare di modificare anche per affrontare al meglio gli impegni lavorativi. Sono da sempre un libero professionista e nel mio lavoro mi sono trovato spesso a dovermi confrontare con i clienti e quindi a superare questo mio modo di essere a volte schivo e riservato. Sono curioso e dubbioso per natura. Mi piace pormi domande e non fermarmi alle prime impressioni: una caratteristica che ho voluto evidenziare anche nel nome dato alla mia tipografia Neldubbiostampo.

Qual è stato il Suo percorso di studio?

Ho frequentato il Liceo Artistico di Treviso. Dopo il diploma ho frequentato, per un periodo, i corsi universitari con indirizzo conservazione beni culturali ma ho capito subito che non sarebbe stata la mia strada. Successivamente mi sono iscritto ad un corso triennale presso la " Scuola Italiana Desing di Padova" dove ho conseguito un Master in grafica desing. Poi, sinceramente, nella mia professione lo studio non si interrompe mai. Si deve costantemente aggiornarsi, apprendere nuove tecniche e sviluppare una capacità autodidattica indispensabile in questo mondo in continua evoluzione. Negli ultimi anni mi sono appassionato alla storia della tipografia e sto concentrando i miei studi verso questo " antico " mestiere che mi affascina ogni giorno sempre di più.

Quali sono state le Sue prime esperienze nel mondo del lavoro?

Dopo gli studi, e aver svolto il servizio civile, ho iniziato subito le prime collaborazioni sempre come libero professionista. Ho svolto incarichi per conto di società e aziende leader nei loro settori .

Nel 1998 ho collaborato con " T2I " una società di proprietà delle Camere di Commercio di Treviso-Belluno - società che oggi comprende anche le sedi di Verona e Venezia-Rovigo - come progettista desing.

Successivamente ho ricoperto il ruolo di grafico presso

l'azienda " Val Cucine " di Pordenone. Un' esperienza formativa, quest'ultima, durata anni. Penso la più significativa della mia carriera. Proprio grazie a questo incontro, e a persone come Gabriele Centazzio disegnatore della Val Cucine - il quale credette in un giovane con poca esperienza - appresi il vero significato di etica professionale contraddistinta da una ferma sensibilità verso produzioni ecosostenibili. Sempre grazie al mio incontro con Val Cucine sviluppai successivamente la passione per la tipografia a caratteri mobili.

Nel corso degli anni ebbi diverse collaborazioni sia come visual desing che come tipografo stampatore. Ho avuto la fortuna di sviluppare progetti con molti artisti del nostro territorio, con scrittori, poeti ed insegnanti. Esperienze che mi hanno arricchito sia sotto il profilo professionale che personale.

Come nasce la Sua passione per il design- foto -immagini ?

Ho sempre avuto una particolare attenzione verso il disegno e le immagini in generale.

Dopo il percorso di studio secondario mi sono avvicinato al mondo della grafica pubblicitaria. Ho frequentato corsi di specializzazione e sono entrato nel mondo del lavoro, convinto che la strada intrapresa fosse quella giusta. Lo studio e la lettura mi hanno aiutato nell'apprendere sempre nuove tecniche, nutrendo la convinzione di poter affrontare le sfide future.

Oggi a distanza di qualche anno, questo mondo mi

affascina e mi coinvolge con lo stesso entusiasmo dei primi anni di attività . Lo studio, la progettazione, il processo di realizzo e il prodotto finito sono componenti del mio lavoro che mi rendono fiero e consapevole di aver fatto le scelte giuste per la mia carriera professionale. Da qualche anno mi dedico anche alla <u>stampa tipografica artigianale a caratteri mobili.</u> Una nuova avventura dove cerco di unire presente e passato intrecciando tecniche e tecnologie moderne, con attrezzature e processi di stampa ormai purtroppo superati e quasi dimenticati.

Nell'era del digitale Lei ha deciso di unire due mondi completamente opposti. Cosa L'ha spinta verso questa scelta?

Ho sempre coltivato una passione per gli oggetti storici che raccontassero e nascondessero una storia personale o professionale.
Nel 2002 lavoravo per la Valcucine di Pordenone e fui invitato all'apertura della Tipoteca di Cornuda : <u>un museo di attrezzature e macchinari d'epoca che raccontano la storia della tipografia a caratteri mobili.</u> Il museo fu creato dall'azienda Grafiche Antiga. Rimasi completamente affascinato e rapito da questo mondo, dalle sue caratteristiche e dalle storie che nascondeva, tanto da affidare al museo stesso la realizzazione di un progetto che stavo svolgendo per conto della mia azienda. Il lavoro fu un successo e circa dieci anni dopo mi affidai nuovamente alla Tipoteca. Ancora una volta il processo produttivo mi catturò completamente ma questa volta decisi di

approfondire la mia conoscenza e di frequentare dei corsi formativi promossi dal museo stesso. Un colpo di fulmine che mi spinse alla ricerca di attrezzature e materiali per costruire la mia Tipografia a Caratteri Mobili.

Nel 2013 sono riuscito a coronare il sogno con l'aiuto fondamentale di papà Mario. Ho iniziato quindi a realizzare piccole stampe e piccoli progetti unendo di fatto i due mondi che più mi affascinavano.

Oggi continuo questa esperienza, cerco di tenere vivo il ricordo dei vecchi processi di stampa, organizzando stage ed incontri con i ragazzi delle scuole e giovani artisti.

Studio di Paolo

Angoli di laboratorio

Nota di redazione : di Abiti Luciano

Entrando nello studio-laboratorio di Paolo Celotto ,
sembra di fare un salto nel tempo. Due mondi che si
uniscono . Oggetti storici che rispecchiano pienamente il
carattere di Paolo. Ma uno mi viene indicato come molto
importante e significativo, ricevuto da un "vecchio amico"
ormai scomparso, che racchiude in se la vita di un
personaggio che attraverso i suoi articoli e le sue lettere ha
segnato la storia della nostra Treviso. A sinistra della
scrivania di Paolo, pulita, ordinata e con un foglio inserito
nel rullo scorrevole, si trova una vecchia Olivetti: la
macchina da scrivere di Neno Abiti mio papà.

La " vecchia " Olivetti 98

Ci racconta la storia di questi macchinari per la stampa ?

Principalmente sono due le macchine più interessanti e che hanno una storia da raccontare. Una senz'altro è la " Pedalina " o " Platina ": una macchina per la stampa dello stesso modello di quella usata dal grande Toto nel film La Banda degli Onesti. La Pedalina proviene da Venezia. Mi è stata donata da Antonella Barina giornalista Veneziana. Antonella la vide mentre stava per esser buttata e caricata su di una chiatta per la rimozione. Appassionata di questi antichi macchinari decise di recuperarla e " salvarla" dalla demolizione. La tenne in casa per un periodo ma per vicissitudini famigliari dovette disfarsene e cercò di contattare qualcuno che mostrasse interesse per questo " pezzo " di storia. Venni quindi contattato e con mio padre ricuperammo la Pedalina che nel frattempo era stata spedita al Tronchetto di Venezia. Ringrazierò sempre Antonella che oltre a donarmela, pagò anche l'intero trasporto: una persona meravigliosa. Con l'aiuto di papà e dello zio Francesco – esperto tipografo che aveva lavorato presso la Dal Negro - riuscimmo a montare, sistemare e calibrare la Pedalina consegnandola a nuova vita.

La seconda è il " Torchio modello Stanhope " del 1839. Il primo modello di torchio completamente in ghisa, inventato alla fine del 1700 da Lord Stanhope il quale non depositò mai il brevetto della sua invenzione perchè potesse essere replicata da altri costruttori. Un lascito ai posteri che poterono beneficiare della sua creazione. Il mio torchio lo acquistai ad un'asta indetta da Grafiche Vianello alla quale partecipai dopo aver visto delle foto di questo macchinario indicato come " macchinario obsoleto da stampa".

Riuscii successivamente, assieme ad altri appassionati di questo tipo di stampa, a salvare dal macero molto altro materiale storico, che oggi si trova sparso un pò in tutta Italia. Gran parte di esso completa la mia piccola tipografia a caratteri mobili.

Come funziona il procedimento di stampa ?

Il procedimento e molto complesso e richiede tempo e pazienza.

Ogni macchinario funziona in maniera diversa ma ciò che li accomuna, ovviamente, sono inchiostro e caratteri mobili. Esistono caratteri di diverse dimensioni che permettono di personalizzare ogni tipo di stampa. Il cuore del procedimento si basa sulla vera e propria composizione dello stampo dove vengono inserite le forme dei caratteri. Tutto deve essere studiato e deciso nei suoi minimi particolari. I caratteri vengono posizionati nella maniera desiderata ed " ingabbiati" nella forma di metallo. Vengono poi fissati ed immobilizzati, eliminando ogni piccolo spazio residuo mediante l'utilizzo di spessori detti: margini, interlinee e spazi di varie misure e grandezze. Successivamente il macchinario, nella sua parte dedicata, viene cosparso di inchiostro e fornito del foglio di stampa. Attraverso un'azione di pressione o di scorrimento, a seconda del macchinario utilizzato, il miracolo avviene e la nostra scritta o la semplice lettera prende forma e appare sul foglio bianco. Un vero e proprio procedimento artigianale dove l'uomo incontra la macchina intrecciando intelletto, meccanica, odori e sensazioni.

Caratteri mobili

La Pedalina

Dove e come trova ispirazione per realizzare le Sue creazioni ?

Lavoro molto con poesie e testi scritti, quindi molta ispirazione la traggo proprio dalle scritture. Mi concentro in ciò che trasmettono e sul messaggio che vogliono veicolare. Ogni carattere, ogni parola rappresenta una storia ,un pensiero, un sentimento che l'autore vuole condividere con il lettore. Cerco di interpretarlo e capirlo, assimilandone il contenuto per trovare la giusta forma grafica per accompagnarlo. Un addentrarsi stimolante nella mente dello scrittore o del poeta, che mi porta a concepire il vettore corretto per raggiungere e stimolare l'interesse del destinatario.

Per quanto riguarda la mia personale ispirazione e ciò che mi ha portato ad intraprendere questo percorso, non posso non citare i miei " Maestri ". Le persone che hanno segnato ed incoraggiato il mio ingresso in questo mondo fantastico. Tipoteca e il suo meraviglioso entourage : persone straordinarie come Silvio Antiga e Sandro Berra, con le quali ho instaurato negli anni un rapporto di sincera stima e collaborazione reciproca. L'approccio alla poesia lo devo al Poeta Tipografo Alberto Casiraghi responsabile di Edizioni Pulcino Elefante .

Per quanto riguarda l'aspetto materiale del mio percorso, ovvero la ricerca e il reperire i macchinari e i caratteri, devo ringraziare le capacità di Luca Lattuga di Anonima Impressori. Il suo impegno nel proteggere e divulgare queste antiche tecniche di stampa lo rende una delle persone che più ammiro e stimo.

Quali difficoltà si incontrano nelle Sua professione?

Diciamo che le più grandi difficoltà personalmente le ho incontrate soprattutto nella gestione puramente economica e commerciale. Non sono mai stato un ottimo imprenditore di me stesso, pur lavorando come libero professionista da più di vent'anni. Prevale sempre la parte passionale su quella imprenditoriale e promozionale. Cerco di mantenere dei prezzi accessibili a tutti anche se molto spesso non sono sufficienti per garantire una stabilità finanziaria costante ed adeguata. Il lavoro del grafico, molte volte, viene percepito nella maniera sbagliata. Nell'immaginario collettivo il grosso del lavoro viene svolto dal computer e il ruolo del professionista si limita al mero " battere dei tasti". Purtroppo non è cosi! Ogni progetto grafico professionale necessita di studio e preparazione, anche una minima modifica può richiedere dei tempi lunghi e ragionamenti complessi. Le nuove tecniche di stampa digitale permettono di realizzare progetti in tempi relativamente brevi , e questo porta il cliente a pensare che anche il disegno grafico sia soggetto alle stesse regole . Le richieste sono sempre più esigenti e i tempi di attesa tollerati si restringono costantemente. Nella stampa tradizionale queste velocità non sono possibili.

Spesso mi capita di invitare il cliente nel mio laboratorio illustrando il procedimento di composizione e di stampa. La percezione è totalmente diversa e i lunghi tempi di attesa vengono accettati e compresi. Non è facile competere con le nuove dinamicità e con le aspettative del cliente. Questo comporta una scelta radicale per poter continuare ad operare. Una scelta che cade inevitabilmente sul digitale per il lavoro più commerciale, e sulla stampa tradizionale per una nicchia di progetti a bassa tiratura, ma di grande spessore artistico e culturale.

Como supera i momenti difficili ?

Innanzi tutto è importante sapersi adattare. Diversificare le proprie attività ed adeguarsi alle necessità ed alle esigenze che il mercato richiede. La professionalità e l'impegno sono fondamentali e vanno applicati ad ogni incarico che riceviamo, a prescindere dalla nostra percezione del progetto stesso. Può essere necessario, in determinati momenti della nostra carriera, accettare anche di svolgere lavori o mansioni diverse dalla nostra professione : come sto facendo io negli ultimi mesi. Questo non significa rinunciare ai nostri sogni o alle nostre passioni, ma trovare delle vie alternative per permetterci di perseguirle con maggiore libertà e convinzione, mantenendo comunque uno stato economico e finanziario indispensabile al nostro sostentamento e a quello delle nostre famiglie.

Progetti per il futuro ?

Mi piacerebbe rendere più sostenibile a livello economico l'attività della Tipografia. Vorrei riuscire a dedicare più tempo alla promozione e alla condivisione di questa meravigliosa attività. Molti miei colleghi vivono dei lavori svolti in tipografia, concentrano tempo e risorse al marketing e alla divulgazione utilizzando a pieno gli strumenti che oggi abbiamo a disposizione. Vorrei riuscire a fare altrettanto concentrando in futuro le mie energie in questo proposito. Sto studiando la possibilità di organizzare dei workshop invitando gruppi ristretti di appassionati per svolgere una giornata di stampa insieme realizzando i loro progetti. Intendo destinare una parte della mia casa per l'allestimento di un piccolo Bed and Breakfast, dando la possibilità ad artisti e studenti di passare qualche giorno in laboratorio e vivere una eccitante esperienza fatta di carta, inchiostro e caratteri di ogni tipo. Inoltre la nostra provincia, e la vicina Venezia, offrono diverse opportunità per visitare strutture che parlano di tipografia e storia come : il Museo Salce di Treviso che espone una fornita collezione di manifesti a stampa e la Tipoteca uno dei più importanti musei al mondo per la tipografia realizzato da Grafiche Antiga . Sarebbe interessante organizzare uscite guidate e accompagnate da esperienze reali di laboratorio. I miei figli stanno crescendo e spero che presto possano raggiungere una certa indipendenza, permettendomi di concentrare parte delle mie energie in queste idee e progetti per il futuro.

Quali consigli sente di poter dare ai giovani che intendono intraprendere un percorso professionale come il Suo ?

Consiglio ai giovani di avvicinarsi a questo mondo con uno spirito consapevole e con tanta voglia di apprendere. Non lasciarsi fuorviare dal pensiero che basti una tastiera ed un programma di computer per diventare grafici professionisti. Lo studio, la passione e la pratica sono indispensabili per raggiungere determinati obbiettivi. Conoscere la storia della grafica , dei caratteri, della fotografia sono tutti aspetti essenziali nel nostro percorso formativo. Come per le grandi opere edilizie moderne, che trovano spunto da prodigi ingegneristici del passato, anche per la grafica esistono radici storiche che resistono allo scorrere del tempo.

La curiosità, la ricerca e lo studio devono essere priorità per chi decide di avvicinarsi a questo mondo. Non pensare di dover necessariamente creare novità o progetti innovativi, anche la semplice rivisitazione del passato può portare a risultati straordinari. Ciò che è datato non è necessariamente superato. Nel nostro caso ogni carattere nasce da un carattere precedente, la stessa stampa digitale è figlia di vecchi procedimenti ancora affascinanti e da scoprire. Solo attraverso il rispetto per se stessi, per il mestiere che abbiamo scelto e per il racconto che lo accompagna potrete trovare la giusta via per il vostro successo.

Facebook	Paolo Celotto
E-Mail	info@paolocelotto.it
	www.paolocelotto.it

Gaetano Cutrignelli una persona straordinaria affermato professionista innamorato da sempre del suo lavoro e delle emozioni che da lunghissimi anni è capace di regalare. Un cammino, lungo un percorso di vita fatto di esperienze e soddisfazioni. Un viaggio che inizia da terre lontane e ci conduce qui in Veneto: terra che adotta Gaetano e che lo fa innamorare. Una lunga intervista,un racconto che ci riporta ai sogni di un bambino che diventano realtà. Professionalità, studio, dedizione e passione: il messaggio che Gaetano ci trasmette aprendo cuore e sentimenti raccontando la sua storia.

Presentazione Gaetano Cutrignelli

Nato a Bari nel 1971 Gaetano (Nino) Cutrignelli è un classic barman professionista e collaboratore tecnico di formazione per i giovani aspiranti alla professione di barman.

La sua carriera inizia da lontano fin dai primi anni dell'adolescenza, dove si sviluppa la passione per i liquori, la loro storia e la loro provenienza. All'età di undici anni inizia a collezionare piccole bottiglie di liquori di varie etichette. Trascorre intere giornate letteralmente appeso ai banchi dei bar del centro di Bari: "spiando" i Maestri barman del tempo. Lo affascinano le immacolate divise bianche e gli eleganti papillon neri. La compostezza, l'eleganza e la sottile austerità dei Maestri lo attraggono e catturano la sua fantasia: <u>segnando le decisioni che condizioneranno la sua vita futura.</u>

Nel 1985 Gaetano si iscrive all'Istituto Alberghiero Statale "Armando Perotti" di Bari. Dopo i primi tre anni di formazione pratica, conclude il percorso completando i seguenti due anni acquisendo capacità e competenze nell'ambito dell'amministrazione e contabilità gestionale e il diploma di qualifica come Operatore di Sala e Bar: <u>attestato riconosciuto a livello Europeo.</u> Durante il periodo scolastico Gaetano passa le estati prestando servizio nei migliori alberghi del territorio. Nei periodi invernali, oltre che le lezioni ordinarie, segue i professori in corsi aggiuntivi promossi dalle associazioni di categoria, di cui fanno parte i docenti. Li accompagna nei locali dove prestano servizio serale. Le mansioni sono le più semplici e umili ma per Gaetano rappresentano i primi passi nel mondo, al quale, da sempre, sogna di appartenere.

Nel 1989 a termine del periodo di studio partecipa ad un Master formativo che lo porta a Francoforte alle dipendenze dell'hotel Sheraton. Una lunga trasferta dove Gaetano acquisisce i fondamentali delle tecniche di miscelazione e perfeziona le sue abilità di barman: collaborando al fianco di due pilastri del mestiere come Vincent Bertrand e Mark Wagner.

Nel 1995 partecipa ad una tappa della famosa manifestazione "Drink Festival": competizione nazionale che vede come protagonisti i migliori barman Italiani. Si piazza tra i primi dieci finalisti, ricevendo recensioni positive dalla rivista "Bar Giornale". Nel 1996 presenta, alla medesima competizione, un Cocktail di sua creazione, battezzato con il nome di "Remember a Day" in onore della band dei Pink Floyd, di cui Gaetano è grande appassionato. L'intraprendenza, l'abilita e la preparazione vengono premiati dalla giuria di esperti che gli assegna il gradino più alto del podio. Una svolta imprevista per la carriera professionale di Nino. Arrivano i primi sponsor come "la Cointreau" e le successive partecipazioni ad eventi nazionali ed internazionali. Sempre nello stesso anno partecipa alle finali Europee che si svolgono alla Valletta capitale Maltese, conquistando la medaglia di Bronzo.

Negli anni successivi Gaetano perfeziona le sue capacità prestando servizio nei migliori hotel e cocktail bar della penisola. Un viaggio continuo che lo porta anche in Veneto, nella città di Jesolo. La terra Veneziana cattura e adotta il cuore di Gaetano e ne diventerà casa in un futuro non troppo lontano.

La natura " vagabonda" di Gaetano lo porta nell'isola di Cuba dove soggiorna per un lungo periodo e si dedica allo studio di alcuni drink classici cubani. Perfeziona la conoscenza del famoso cocktail Daiquiri apprendendo le migliori tecniche di preparazione.

Nel 2000 accetta un incarico offertogli proprio dal responsabile marketing della Cointreau, trasferendosi in Riviera Romagnola e diventando primo barman della famosa catena di American Bar Luxor di Rimini. Un matrimonio che dura la bellezza di tredici anni che lo arricchisce come professionista e come formatore di giovani barman.

Nel 2013 Gaetano si trasferisce definitivamente in Veneto, ritrovando quella terra che tanto lo aveva affascinato. Accetta un incarico come barman curando il settore "American Bar" presso il "Le Caprice": ristorante e Lounge Bar alle porte di Noventa di Piave.

Oggi Nino membro dell' ABI (associazione Barman Italiani) continua la sua attività con lo stesso spirito del ragazzino che si arrampicava sui banconi dei bar, che collezionava mini bottiglie di liquori e che sognava di diventare un barman professionista. Inoltre si dedica alla formazione dei giovani, collaborando con alcuni istituti alberghieri del territorio, trasmettendo loro la sua lunga esperienza,l'amore e la passione per questo mestiere.

Gaetano Cutrignelli

Intervista

Chi è Gaetano Cutrignelli?

Gaetano, per tutti Nino, è un uomo di cinquant'anni nato a
Bari nel 1971, da papà Michele e mamma Daniela. Ho una
sorella Marina e tre splendidi nipoti che adoro, e ai quali
voglio un mondo di bene. Mi considero una persona
umile, riservata, meticoloso e dedita al suo lavoro, non
particolarmente attratto dai riflettori. Amo definirmi un
"Nomade": un uomo con la valigia in mano. Ho passato
gran parte della vita girando l'Italia prestando servizi
stagionali in diverse regioni. Toscana, Umbria, Trentino,
Emilia Romagna, la mia Puglia e il Veneto- la mia seconda
casa- sono quelle che più porto nel cuore. Sono una
persona socievole ed educata, mi piace dedicarmi allo
studio, aggiornandomi sulle nuove tecniche di
preparazione dei cocktail e alla formazione dei giovani
aspiranti barman.

Quando e come nasce la Sua passione per questa professione?

La mia passione nasce da molto lontano. Da bambino mi
piaceva collezionare "Mignon": piccole bottiglie di liquori
e distillati perfettamente uguali alle sorelle più grandi. Ero
arrivato ad un numero impressionante: quasi seicento
esemplari. Mi rivolgevo a tutti: amici, locali, bar,
mercatini, sempre alla ricerca di nuove etichette per

arricchire la mia collezione. Passavo le giornate, dopo la scuola, entrando nei bar del centro di Bari per osservare i "Vecchi Maestri barman". Ero affascinato dal loro lavoro, dalla loro maestria e dall'eleganza del loro portamento. Ricordo che mi appendevo al bancone del bar per osservare, spiare e rubare i segreti del mestiere. Viaggiavo con la fantasia e mi vedevo maneggiare e miscelare liquori servendoli ai clienti. Passavo intere giornate tra le mie piccole Mignon fingendo di essere un barman professionista. Avrei seguito questa strada.

Qual è stato il Suo percorso di studio per arrivare ad acquisire questa professionalità?

Ovviamente spinto dalla passione, dopo aver terminato la scuola dell'obbligo, decisi di iscrivermi all'istituto Statale Alberghiero Armando Perotti di Bari. L'istituto, intitolato al celebre scrittore, giornalista e poeta Pugliese vantava, e vanta tuttora, una storia di grande prestigio. Frequentai i tre anni di pratica concentrando le mie energie nel ramo sala e bar. Conseguii quindi il diploma di qualifica come "Addetto ai Servizi Alberghieri di Sala e Bar" riconosciuto a livello Europeo. Successivamente ho frequentato, e seguito, master e corsi formativi per un lungo periodo a Francoforte, dove ho avuto la fortuna e l'onore di apprendere e migliorare capacità e tecniche di preparazione dei cocktail da due maestri sacri dell'American Bar: il Maestro francese Vincent Bertrand e il Maestro tedesco Mark Wagner.

Ricorda il Suo ingresso nel mondo del lavoro?

Sono entrato nel mondo del lavoro in età adolescenziale. Durante il periodo di studio presso l'istituto alberghiero, passavo le mie estati lavorando negli alberghi della provincia di Bari. La prima esperienza, e decisamente quella più significativa, è stata all'hotel Villa di Bisceglie in provincia di Bari. Un albergo a cinque stelle dove prestavo servizio come Commis de Bar. Ricordo con affetto il Prof. Scaramuzzi che mi prese sotto la sua ala e mi insegnò molti segreti del mestiere che ancora costudisco gelosamente.

Erano tempi diversi, apprendere non era semplice. I maestri barman non regalavano facilmente consigli. Tutto quello che desideravi imparare lo dovevi "rubare" con gli occhi tra un servizio e l'altro. Ho iniziato con mansioni molto umili, ma dignitose. Ricordo che prima di poter versare il primo aperitivo o comporre il primo cocktail avrò lavato migliaia di bicchieri. Ma ero un ragazzo paziente, intraprendente e la voglia di realizzare il mio sogno mi ripagava di ogni fatica. Dopo tre stagioni da Commis de Bar sono passato al ruolo di secondo barman con mansioni più specifiche.

Mi piace ricordare l'esperienza vissuta con il cantautore Vasco Rossi, ospite del nostro Hotel. Mentre servivo la colazione in camera ricevetti l'invito da parte dell'artista e del suo Staff per una partita di pallanuoto nella piscina dell'albergo. Passammo tutta la notte a giocare insieme con la sua band la "Steve Rogers Band": un ricordo indimenticabile.

Finito il percorso di studio, e dopo una parentesi estera,

rientraii in Italia   ottenendo il primo vero incarico nel mondo del lavoro. Nel 1992 venni assunto presso la discoteca "Divinae Follie" : potei finalmente misurarmi con le vere sfide tipiche del nostro mestiere. Organizzazione del lavoro, velocità, capacità di risolvere le situazioni difficili, rapporto con la clientela, ecc. Entravo di fatto nella dimensione alla quale sentivo di appartenere da sempre.

Cocktail Grasshoper

C'è stata una esperienza particolare che Le ha lasciato un ricordo indelebile?

Si certamente. Dopo il periodo alla discoteca "Divinae Follie" - durante il quale partecipai a diverse competizioni per barman, ottenendo ottimi risultati – ricevetti parecchie offerte di lavoro.

Nel 1996 accettai un incarico molto importante presso uno dei più noti American Bar della provincia di Bari: il Blue Music Club a Valenzano, ricoprendo il ruolo di primo barman. Il Signor Luigi Lerario, titolare del locale, mi diede carta bianca e mi disse di attrezzare e rifornire il banco. Era l'occasione che stavo aspettando. La mente viaggiava a ritroso tra le vie del quartiere e tra le stanze di casa: quando l'immaginazione di un ragazzino dipingeva il quadro di una vita futura. Mi ritrovavo improvvisamente immerso totalmente nel mondo al quale avevo mirato da sempre. Fu come tornare bambini e provare un'emozione estasiante. Vedevo la mia passione prendere forma. Le piccole bottiglie trasformarsi in trecento referenze tra liquori e distillati pronte per essere servite. I grandi maestri, seri e irraggiungibili mi apparivano e mi osservavano. Ma adesso ero uno di loro. Finalmente ero passato dall'altra parte del banco e avrei svolto il mio incarico con la stessa eleganza e professionalità che tanto mi aveva affascinato. Insieme al Signor Luigi crescemmo fino a diventare uno dei locali più apprezzati e riforniti di Bari, riuscendo a soddisfare ogni richiesta da parte del cliente. Durante i quattro anni di servizio presso il Blue Music Club crebbi professionalmente e caratterialmente, imparando nuove tecniche di miscelazione e di gestione

del personale._
Avevo realizzato il mio sogno: ero a tutti gli effetti il barman professionista che il piccolo Nino aveva immaginato.

Quali difficoltà si incontrano nella Sua professione?

Nel nostro settore, come in molti altri, le difficoltà esistono e vanno affrontate. Il rapporto con i clienti può essere difficile, si deve essere pronti, e cercare di soddisfare le esigenze dell'avventore. Ovviamente questo mestiere comporta sacrifici e rinunce. Scegliere di operare nel settore ricettivo, turistico e di intrattenimento, significa essere al servizio del cliente in giorni e orari che non corrispondono allo standard di una tipica giornata di lavoro. La gestione dei locali e il rapporto con i propri collaboratori possono rappresentare sfide, a volte ardue da superare. Nella nostra professione si è spesso soggetti a cambiamenti e spostamenti. Queste situazioni non devono essere un ostacolo alla nostra carriera, anzi, vanno vissute come un accrescimento e un arricchimento professionale e personale, utile ad affrontare e superare sfide e ostacoli futuri.

Gaetano Cutrignelli

Cocktail Eclipse

Come si superano i momenti difficili?

Solo attraverso una completa e professionale preparazione si possono superare ostacoli e difficoltà. Studio, esperienza, pratica, consapevolezza, umiltà e caparbietà sono le caratteristiche indispensabili per affrontare le nostre sfide quotidiane. Estro e talento a volte non bastano se non supportati da didattica e apprendimento. La passione e l'amore per il mio lavoro mi hanno sempre aiutato durante la carriera. Anche quando tutto sembra invalicabile, dobbiamo ricordarci cosa ci ha spinto ad intraprendere questa strada. Ritrovare la forza motrice dentro di noi, la nostra passione, il nostro coraggio e la stima per noi stessi.

Il barman di ieri e il barman di oggi. Cos'è cambiato?

Rispetto a quando ho iniziato questo mestiere, le cose sono molto cambiate. Il settore della liquoristica e dei distillati, in questi ultimi trent'anni, ha fatto passi da gigante. Oggi disponiamo di una gamma di referenze senza limiti. Abbiamo varietà di prodotti provenienti da tutto il mondo e di ottima qualità. Una volta esporre referenze come: Gin London Dry, Gin Bombay, Tanqueray, ecc.., era come esporre dei gioielli in vetrina. Non esistevano sciroppi di ogni genere e gusto: tutto veniva fatto a mano dallo stesso barman. Anche gli strumenti hanno subito una drastica evoluzione. Basti pensare al semplice "Jigger", il misurino per dosaggio, o al "Metal Pour", che si applica alle bottiglie per equilibrare la mescita. Nulla di tutto ciò veniva usato: <u>tutto era frutto di insegnamento ed esperienza</u>. Le cristallerie, i bicchieri e le bottiglie stesse, oggi presentano forme e volumi disegnati per ogni esigenza. Anche la stessa figura del barman è decisamente cambiata. Ieri più elegante, più raffinata, più professionale, quasi austera. Oggi più dinamica, più colorata, più appariscente. Due mondi a confronto che fortunatamente ho potuto osservare e vivere, e dai quali continuo ad assorbire, vecchie e nuove competenze.

Lo Shaker : strumento indispensabile per ogni Barman

Il mondo del drink è in continua evoluzione. Nuove esigenze e richieste sempre più ricercate e complesse. Come si riesce a restare aggiornati e attuali?

Come dicevo prima il nostro settore è in continua evoluzione. Nuove ricette, nuovi abbinamenti, nuovi campi di applicazione, come ad esempio il benessere e la salute. Si stanno studiando cocktail naturali, biologici e analcolici che possono essere consumati dalla maggioranza delle persone. Certo risulta importantissimo un costante aggiornamento, una puntuale ricerca e la partecipazione a corsi e convention informativi.

Qual è secondo Gaetano Cutrignelli il rapporto o il comportamento perfetto da seguire con i clienti?

I clienti vanno coccolati e per quanto possibile accontentati. Consumare un cocktail deve rappresentare un momento di relax e di piacere. A volte è necessario accettare piccoli compromessi sulla preparazione e sul servizio. <u>Non dobbiamo fermarci all'ortodossia dei manuali. Ma essere creativi e accettare anche le più stravaganti richieste.</u> La vera bravura di un barman professionista si misura anche da questi piccoli aggiustamenti per rendere indimenticabile la nostra bevanda e l'esperienza del nostro cliente.

Lei ha gestito molti locali e personale. Il Suo rapporto con i collaboratori?

Il mio rapporto con i colleghi e con i collaboratori è sempre stato ottimo. Ogni mia azione sia nella vita professionale, che in quella personale si basa su un pensiero di rispetto e aiuto reciproco. Nella carriera ho avuto il piacere di collaborare con persone più esperte e con giovani meno esperti di me. Ho sempre cercato di trasmettere conoscenze ed esperienza personale. Durante il mio periodo di apprendistato, ricevere un supporto o un aiuto concreto non era cosi semplice. I "vecchi" maestri non erano avvezzi ad elargire consigli gratuiti. Tutto veniva "rubato" con gli occhi e con tanta pazienza. Oggi le cose sono decisamente cambiate e personalmente trovo molto stimolante poter insegnare e condividere i segreti di questo meraviglioso mestiere.

Il drink perfetto secondo Gaetano?

Non c'è per me una classifica specifica dei drink. Ogni cocktail nasconde una sua storia, un suo rito di preparazione che lo contraddistingue e lo rende affascinante. Tuttavia se dovessi proprio scegliere, direi che ne esistono tre tra i miei preferiti.

Uno senz'altro è il Daiquiri: <u>famoso cocktail di origine cubana composto da rum ambrato, sciroppo di zucchero di canna, succo di limone</u>. Ho avuto la fortuna di recarmi nell'isola di Cuba proprio per studiare composizione e preparazione di questo drink: scoprendo storia, origini e

declinazioni.
Il secondo è, senza ombra di dubbio, il Manhattan Cocktail: uno dei più famosi cocktail del mondo. La sua ricetta è molto semplice e si basa su una miscela di whisky (preferibilmente canadian whisky) vermouth rosso (vino aromatizzato di origine Italiana della città di Torino) e angostura (bitter amaro ottenuto dall'infusione di piante aromatiche). Il Manhattan viene servito su coppetta da cocktail come aperitivo: il sapore, l'eleganza e i colori rappresentano l'essenza dello stile American Bar.
Non posso infine non nominare il cocktail Italiano per eccellenza conosciuto in tutto il mondo il Negroni: un cocktail da aperitivo ideato dal Conte Camillo Negroni a Firenze, servito su bicchiere old fashioned, composto da vermut rosso, bitter campari e gin. Il suo inconfondibile colore rosso chiaro non conosce rivali nel mondo e rappresenta lo stile e la vivacità tipica del popolo Italiano.

Spesso il consumatore medio abbina al cibo esclusivamente il vino. Ma esistono abbinamenti pre-dinner e after-dinner basati su aperitivi e cocktail ricercati. Perchè secondo Lei non viene evidenziato questo aspetto molto importante della filiera della ristorazione?

Generalmente i cocktail e i distillati non vengono abbinati ai cibi, anche se questo è un errore. Esistono infatti degli studi molto importanti che mirano a combinazioni ricercate e selezionate: il Food Pairing. Non dobbiamo sottovalutare questo aspetto e l'importanza che ricoprono aperitivi, cocktail e distillati sul processo di accoglienza, servizio e congedo del cliente. Queste bevande accolgono, accompagnano e salutano l'ospite. A questo proposito potrei fare alcuni esempi di accoppiamento già sperimentati e che hanno ottenuto un ottimo riscontro. Ad esempio il famoso Daiquiri si sposa perfettamente ad un piatto a base di crostacei. Un cocktail Negroni è l'ideale durante un assaggio di formaggi selezionati. Il Margarita, a base di tequila, si esalta quando accompagnato da pietanze piccanti.

Il segreto di Gaetano (Nino) Crutrignelli ?

Non ci sono segreti nascosti o costuditi gelosamente. L'unico segreto per riuscire nel proprio mestiere è il duro lavoro. Spesso mi viene chiesto come si diventa un barman professionista. L'unica risposta che mi sento di poter dare è che si possono raggiungere determinati traguardi solo attraverso lo studio, la passione e la dedizione. Partire dal basso, anche dalle mansioni più umili. Osservare e rispettare chi ci offre il proprio aiuto. Non fermarsi e non pensare mai di essere arrivati. Il nostro è un settore in continua evoluzione che richiede aggiornamenti e formazione costante.

Perchè ha aderito al progetto
www.etichettaveneta.com?

Ho aderito al vostro progetto perchè ritengo sia importante raccontare e condividere passioni ed esperienze. Spesso ci fermiamo ad osservare immagini o video in questa era digitale. Ma non ci rendiamo conto che dietro ogni prodotto o servizio si nasconde una storia, fatta di sudore e sacrificio. Etichettaveneta.com racconta tutto questo lanciando un messaggio rivolto ai giovani e a quanti vogliono intraprendere una carriera o un mestiere professionale di alto livello.

Progetti per il futuro?

Amo questo lavoro e intendo andare avanti su questa strada. Assieme ad altri colleghi stiamo elaborando un progetto di insegnamento per i giovani. Corsi formativi che comprendono tutta la filiera della ristorazione, accoglimento e intrattenimento. Sono affascinato dall'idea di poter trasmettere alle future generazioni parte delle mie conoscenze e delle esperienze che mi hanno formato in questi lunghi anni di carriera.

Che consiglio sente di poter dare ai giovani che vogliono intraprendere la carriera di barman?

Prima di tutto consiglio di non sottovalutare la parte dello studio. <u>Una buona preparazione didattica è alla base di una carriera di successo</u>. Seguire le persone con più esperienza rispettando gli insegnamenti che ci vengono donati. Non avere fretta di imparare o di raggiungere l'apice della piramide. Tutto ha un suo tempo. Ai giovani dico di non aver paura di sbagliare, di provare e riprovare. Non abbattersi di fronte ai primi ostacoli. Seguire le proprie passioni con coraggio e determinazione. <u>Trasformare un sogno in realtà è possibile e dipende solo da noi e dalla forza che abbiamo dentro.</u>

Durante la stesura di questo libro Gaetano partecipa al concorso interregionale centro Italia 2022 promosso dalla associazione ABI (associazione barman Italiani). Primo nella sezione Puglia e nella Top 15 delle finali assolute Italiane, Gaetano si conferma professionista di alto livello tra i migliori del nostro Paese.

Facebook Gaetano Cutrignelli

Internet Caffè da Bepi

Ho volutamente lasciato per ultima, la prima intervista realizzata per etichettaveneta.com. Giuseppe Borin una icona per il quartiere dove abito. Da sempre la sua attività rappresenta un punto di riferimento per l'intera comunità. Personalmente devo solo ringraziare Giuseppe (Beppi) , per tutto quello che mi ha insegnato e che sono riuscito a " rubare " osservandolo durante lo svolgimento del suo lavoro. Una figura ormai leggendaria per la nostra città, un esempio di passione e professionalità riconosciuta da molti. Le nostre chiaccherate e le innomerevoli discussioni " politiche " a notte inoltrata, sono una parte fondamentale ed insostituibile della mia vita. Ascoltarlo e raccontarlo è stato un onore e motivo di orgoglio.

Presentazione Internet Caffè

Giuseppe Borin titolare, assieme alla moglie Antonella Cestaro, dello storico bar – con cucina casareccia - " Internet Caffè ". Ormai diventato una istituzione, il locale del Signor Borin si trova nel quartiere di Santa Bona, nella prima periferia del Comune di Treviso. Aperto nel 1957 dal padre di Giuseppe, il Signor Primo Borin l' Internet Caffè offre, da più di quarant'anni un servizio quasi famigliare ai suoi clienti. Una lunga evoluzione nel tempo, un passaggio generazionale che coinvolge padre e figlio trasformando una semplice attività commerciale in un punto di riferimento per famiglie e residenti di uno dei quartieri più popolati del comune di Treviso. Da tipica osteria trevigiana il suo titolare ha saputo adeguare l'offertà al passaggio del tempo e alle richieste del cliente: mantenendo costanza, affidabilità e innovazione. Oggi il ristorante-bar vanta un menù di alta qualità: <u>famose le gustose pastasciutte di Beppi, il suo impareggiabile spiedo e il richiestissimo bollito di Antonella.</u>

Giuseppe Bepi Borin

Signor Borin grazie per averci accolto nel Suo locale e per la Sua disponibilità. Vogliamo iniziare con la domanda che più raccoglie il senso del nostro viaggio alla ricerca dei protagonisti della vita professionale del nostro territorio. Semplice e diretta.

Chi è Giuseppe Borin ?

Chi è Giuseppe Borin? Bella domanda! Be! Oggi Giuseppe Borin è un uomo sposato con Antonella e padre di Davide. Ieri Giuseppe Borin era un ragazzo che dopo il suo percorso di studio secondario decide di non proseguire, per dedicarsi anima e corpo all'attività di famiglia. Una scelta ponderata e voluta. Mi ritengo fortunato per aver potuto scegliere. Oggi molti ragazzi non hanno questa possibilità. In quegli anni ha prevalso la foga, l'ardore che muove i giovani alla ricerca di slanci verso il proprio futuro.

Da quanti anni gestisce la Sua attività?

Ho iniziato la gestione del locale il primo Gennaio del 1978. Siamo nel 2021, quindi se la matematica non mi inganna sono circa la bellezza di 43 anni.

La Sua è una attività di famiglia iniziata da Suo padre e poi passata a Lei. Ricorda quel periodo?

Mio padre Primo Borin aprì il bar nel 1957. Ricordo molto bene quel periodo della mia vita. Dopo la scuola veniva il lavoro. Erano anni difficili con, evidentemente, altre circostanze rispetto ai giorni nostri. Ma l'aiuto nella gestione da parte di tutta la famiglia era fondamentale. Avevamo il gioco delle "bocce" e della "borella": quel gioco tradizionale praticato dai contadini Veneti e diffuso nella Marca Trevigiana prima, e poi in altre province come Venezia e Padova. Un antico gioco risalente, secondo alcune testimonianze, addirittura al 1500.

Birilli e boccia gioco della Borella

Ricorda le regole del gioco ?

Era molto semplice: si usavano delle bocce di legno di acero campestre, chiamate "opio", le quali venivano lanciate dai giocatori con l'intento di colpire al volo i tre birilli detti "soni" alti circa 70cm posti in fila indiana alla fine della pista di lancio. Erano giochi che coinvolgevano tantissime persone del quartiere. Il nostro aiuto era più che apprezzato da mamma e papà. Ricordo le corse per "portar ombre, pan e soppressa" e quella gioia, quel sentirsi utili, che solo da ragazzi si apprezza veramente.

Come è stato per Lei crescere in questo ambiente?

La nostra attività non si è mai spostata dal quartiere. Quindi crescere in questo ambiente a quel tempo, essere figlio dell'oste, significava un pò essere il figlio di tutti. Ricordo molto bene i volti delle tante persone che hanno frequentato il nostro locale. Da ragazzo sembravano tutti così imponenti, maturi, uomini di stampo e tempra oggi ormai scomparsi. Molti di loro se ne sono andati portandosi dietro un pezzettino della nostra storia.

Sono passati tanti anni da allora e il Suo locale è ancora qua nello stesso punto, nel medesimo quartiere dove aprì Suo padre. Come si riesce ad adeguarsi ai cambiamenti generazionali e alle nuove sfide, restando sempre competitivi nel mercato?

Nel 1984 abbiamo ristrutturato completamente il locale, puntando su un nuovo design. Lasciato lo stile "Bar-osteria" abbiamo preferito un arredo più ricercato che soddisfacesse le esigenze dei tempi e dei clienti. Un percorso condiviso, difficile ma apprezzato. Certo non posso negare che i cambiamenti, spesso, non sono accettati da tutti. Ma se si vuole restare aggiornati e competitivi nel mercato non si deve mai smettere di rinnovarsi, seguire le tendenze del presente e fornire un servizio di alta qualità.

A quel tempo avevamo inserito anche la gelateria artigianale. Avevo imparato a fare gelato dal maestro Guido Franchin della gelateria Tropicana molto conosciuto in città. Una persona straordinaria dalla quale ho appreso moltissimo e che mi ha regalato segreti che ancora costudisco gelosamente. Con il passare degli anni abbiamo abbandonato la produzione del gelato concentrandoci su altre offerte. Cicchetti (che già ai tempi di mio padre erano una realtà consolidata nel Trevigiano), "masanete", "peoci", "sardee in saor", "capelonghe", "vongoe", "trippe", "musetto col cren", ecc... Erano e sono tuttora una parte fondamentale del nostro menù.

Tartare di Tonno

Lei gestisce la Sua attività assieme a Sua moglie Antonella. Quanto importante è la famiglia in questa professione?

Per noi che siamo un locale a conduzione famigliare, indubbiamente l'apporto e l'aiuto reciproco sono fondamentali. Mia moglie Antonella è da sempre la spalla dove trovo appoggio sicuro. La colonna portante della nostra attività. Gestire un'impresa come la nostra comporta l'affrontare sfide quotidiane, sacrifici, privazioni e fatiche. Nulla sarebbe stato possibile senza il supporto di mia moglie Antonella. Per un periodo ho avuto al fianco Davide: mio figlio. Poi Davide ha scelto di intraprendere la sua strada verso nuovi progetti e nuovi confini. Oggi è uno Chef affermato che lavora in una grande metropoli del sudest asiatico.

Si sente fiero di lui?

Certamente sono molto fiero di lui. Davide ha iniziato qui in Italia la sua carriera lavorativa. Dopo gli studi sono iniziate alcune importanti collaborazioni locali. Solo per citarne una il ristorante "Le Querce" di Merlengo di Treviso. Esperienza che a Davide ha insegnato molto e che porta nel cuore. Dopo qualche anno Davide ha deciso di inseguire i suoi sogni ed è partito per Dubai dove ha prestato servizio nei migliori ristoranti della città. Oggi vive e lavora stabilmente ad Hong Kong dove collabora nella gestione e nell'offerta di una importante catena di ristorazione mondiale.

Le manca Suo figlio?

Sia io che mia moglie Antonella non ci siamo mai opposti alle scelte di nostro figlio. Anzi direi che siamo stati noi per primi a spronarlo perchè seguisse sogni, idee e progetti. Certo che ci manca Davide, ci manca moltissimo. Ma allo stesso tempo siamo felici per lui. Davide ha trovato la sua stabilità e con essa anche l'amore. E' sposato con Giada ed entrambi lavorano nella stessa città.

Chef Davide Borin

Antonella Cestaro

Ritorniamo a Lei Signor Borin. Ci sono stati momenti duri e difficili nella sua carriera?

Fortunatamente non ho avuto momenti particolarmente difficili da affrontare. Qualche sfida è stata dura: come ad esempio adeguarsi ai cambi generazionali, dove inevitabilmente qualcuno si allontana e preferisce altre strade. Sono vicende comuni per chi gestisce il nostro tipo di attività. Forse meno sentite in locali centrali o in zone di passaggio. Più avvertite, invece, in periferia dove il cliente abituale diventa parte integrante della tua vita lavorativa e a volte anche affettiva.

Ha mai pensato di mollare ?

Sinceramente no. Anche se con l'età che avanza qualche pensierino non posso negarlo.

Ci descrive una sua giornata tipo

La mia giornata inizia al mattino. Antonella gestisce il bar e io inizio la "corsa contro il tempo". Spese, forniture, ricerca dei prodotti freschi, pagamenti, ecc.. Tutti impegni che si hanno nella nostra professione. Confesso che mi piace passare qualche momento in centro a Treviso, precisamente nell'Isola della Pescheria. Un luogo meraviglioso della nostra città dove tutte le mattine puoi trovare il miglior pesce fresco assaporando la bellezza e genuinità delle chiacchere di città.

Tutti la conoscono come "Bepi". Che cucina propone lo chef Bepi?

Proponiamo una cucina casereccia ed espressa fatta tutta al momento, semplice ma curata in ogni suo piccolo dettaglio. Oltre le cicchetterie di cui le parlavo prima, proponiamo anche una cucina a base di pesce, paste con diversi condimenti ed inoltre stiamo riscontrando un discreto successo offrendo ai nostri clienti lo spiedo di carne in spada.

Si stente di dare qualche consiglio ai giovani che vogliono intraprendere questa attività?

Coraggio!! Coraggio!! Coraggio!! Scherzi a parte quello che mi sento di dire è che se avete dentro lo spirito giusto non lasciatevi intimidire dalle difficoltà tutto si può superare. Studio, applicazione e umiltà sono caratteristiche fondamentali per affrontare questo mestiere, che se fatto con passione e amore, può regalare straordinarie soddisfazioni.

Facebook   Bar da Bepi ; Giuseppe Borin

E-Mail   g.borin55@gmail.com

Ringraziamenti

Ringrazio dal profondo del cuore tutti i protagonisti delle nostre interviste per la loro pazienza e disponiobilità.

Grazie a quanti mi hanno consigliato ed aiutato in questo inizio di percorso che spero possa continuare in futuro.

In fine voglio ringraziare tutti coloro che leggeranno questo libro e soprattutto tu che sei arrivato/a fino a questo punto. Un abbraccio fortissimo.

Mi auguro che da queste testimonianze possa emergere un messaggio positivo e di stimolo per quanti vogliono realizzare i propri sogni, seguire le proprie idee e trovare la forza per superare gli ostacoli che la vita ci riserva.

Abiti Luciano

ETICHETTA VENETA

Printed in Great Britain
by Amazon

32296951R00129